Peter McGraw

COMÉDIA VS NEGÓCIOS

O que os os empresários podem aprender com os mestres do humor

TRADUÇÃO
UBK Publishing House

ubook UBK
Publishing House

Publicado mediante acordo com DropCap Rights Agency. Edição original do livro *Shtick to business: What the masters of comedy can teach you about breaking rules, being fearless, and building a serious career*, publicada por Lioncrest Publishing.

COORDENAÇÃO Alessandra Brito
EDIÇÃO Juliana de Oliveira
COPIDESQUE Ana Gabriela Dutra
REVISÃO Thaís Pol | Eliana Moura
CAPA Bruno Santos
DIAGRAMAÇÃO Joyce Matos
IMAGEM DE CAPA Shutterstock | Soifer

Dados Internacionais de Catalogação na Publicação (CIP)
(Câmara Brasileira do Livro, SP, Brasil)

McGraw, Peter

Comédia vs negócios : o que os empresários podem aprender com os mestres do humor / Peter McGraw ; [tradução UBK Publishing House]. -- 1. ed. -- Rio de Janeiro : Ubook Editora, 2021.

Título original: Shtick to Business
ISBN 978-65-5875-113-7

1. Administração de empresa 2. Carreira profissional - Desenvolvimento 3. Criatividade 4. Gestão de negócios 5. Humor 6. Tomada de decisão (Administração) I. Título.

21-58337 CDD-658.403

Ubook Editora S.A
Av. das Américas, 500, Bloco 12, Salas 303/304,
Barra da Tijuca, Rio de Janeiro/RJ.
Cep.: 22.640-100
Tel.: (21) 3570-8150

Aos brincalhões, piadistas e outros desajustados que levam a sério o fato de não serem sérios, obrigado por me ajudarem a pensar de forma diferente. E obrigado à minha irmã, Shannon, que me considera a pessoa mais engraçada do planeta. (Palavras minhas, não dela.)

SUMÁRIO

Introdução 1

1. **Inverta 25**
2. **Saia do *mainstream* 51**
3. **Crie um abismo 101**
4. **Coopere para inovar 141**
5. **Escreva para não se arrepender 193**
6. **Trabalhe bem ou mal trabalhe 219**
7. **Suba no palco maior 263**

Epílogo 293

Agradecimentos 303

Sobre o Autor 307

INTRODUÇÃO

No primeiro dia de aula, fui recepcionado por alunos do primeiro ano de MBA dispostos a subir a escada corporativa ou vender sua ideia de bilhões de dólares na próxima temporada de *Shark Tank*.

Coloquei minha pasta ao lado do púlpito, fitei seus olhares ansiosos e disse: "Os negócios são difíceis. Os negócios são difíceis. Os negócios são difíceis. Os negócios são difíceis."

Então, observei uma mistura de diversão e decepção tomar conta da classe.

Estou falando mais *sério* do que gostaria. Os negócios são difíceis. É difícil fabricar produtos que encantem os clientes, é difícil estabelecer uma comunicação que vá direto ao ponto e é difícil desenvolver e gerenciar uma carreira.

Dependendo da forma como se avalia, as taxas de fracasso nos negócios são de 90 por cento, 95 por cento e até 99 por cento — muito parecido com a minha vida amorosa (dependendo de como você a avalia). Mesmo quando uma empresa está no topo, é difícil permanecer lá. Em 2018, a Apple era a empresa mais inovadora do mundo. Agora ocupa o 17º lugar. Detesto arruinar o seu dia, mas sempre há uma recessão iminente. (Contrate-me para suprir as suas necessidades motivacionais!)

Para piorar, meus alunos — e você — em breve enfrentarão o dobro da concorrência. Embora a competição humano versus humano seja a norma em *Shark Tank*, logo você enfrentará um inimigo maior: uma máquina.

Claro, as máquinas não serão como as de *O Exterminador do Futuro*, o clássico da ficção científica de 1984 com Arnold Schwarzenegger, como o Agente Smith, de *Matrix*, ou como Dolores Abernathy, de *Westworld*. Haverá apenas um bunker repleto de servidores de computador sem nome e sem rosto que não brigam pela mesa de canto no escritório.

A Revolução Industrial está em sua quarta fase. A primeira introduziu a máquina a vapor. A segunda, a eletricidade. A terceira mudou radicalmente o mundo com a comunicação digital. (Me adicione no Instagram.) A quarta tem vários nomes: robôs, computadores, algoritmos, inteligência artificial. Para nossos propósitos, vou chamá-la de IA.

Muitos não perceberam que os computadores estão alcançando a maioria das pessoas. A IA já está superando os humanos em muitas tarefas complexas. Em 1996, ela usou a força bruta da computação para derrotar os grandes mestres do xadrez. Cerca de dez anos depois, um complexo algoritmo de aprendizado derrotou um campeão mundial de Go — antigo jogo de tabuleiro chinês que provavelmente é o mais complicado de todos os tempos. O programa de computador venceu fazendo movimentos que nunca tinha "visto" antes.

A tecnologia vem reduzindo empregos há cem anos. Mas, nas fases anteriores da Revolução Industrial, os empregos de colarinho azul, como agricultura e trabalho fabril, corriam um risco maior.

Agora, a IA está se aproximando dos empregos de colarinho branco — geralmente, trabalhos que exigem alta qualificação. Por exemplo, em um teste que colocou os advogados contra a IA para identificar problemas em um contrato, os advogados pontuaram em média 85 por cento, e o mais rápido terminou em 51 minutos. O algoritmo, por sua vez, pontuou 94 por cento em apenas 26 segundos. A maior parte do trabalho farmacêutico também pode ser realizada com mais rapidez e precisão pela IA. Até os radiologistas estão perdendo seus empregos, afinal, a IA nunca confunde um raio-x por estar distraída com o processo de divórcio.

Alexa me ensinou tudo isso quando perguntei a ela em que momento as máquinas assumiriam o controle.

Em resumo, os negócios são difíceis e estão ficando cada vez mais difíceis. Com o aumento da concorrência, trata-se cada vez menos de como você vencerá os outros meros mortais no mercado de trabalho. Agora, o importante é considerar como vencerá a IA que pode corrigir um contrato, ler sua tomografia e derrotá-lo em Go — tudo isso antes mesmo de você se vestir pela manhã.

Como ter uma chance contra isso?

A resposta: fazendo coisas que os computadores não conseguem.

COMPUTADORES NÃO PODEM PEIDAR

A força da IA é também a sua fraqueza.

A vantagem dela no mercado é sua capacidade de aprender regras e aplicá-las de forma consistente. Mas a IA não consegue se libertar das regras — e nem dos gases. Como resultado, adivinhe quem será a última pessoa a perder seu emprego para a revolução da IA?

É isso mesmo. Os profissionais menos profissionais do mundo: comediantes.

A comédia é o padrão de excelência utilizado para avaliar a IA. A todo momento, cientistas da computação inventam e aprimoram algoritmos de contação de piadas, pois fazer as pessoas rirem é tão incrivelmente complexo e cheio de nuanças que, se um computador for programado para realizar isso, ele pode fazer quase todo o resto.

No entanto, os sucessos cômicos da IA são, bem, risíveis — limitados a simples piadas, jogos de palavras e trocadilhos. Acontece que uma boa comédia precisa de mais do que gracejos — basta assistir aos filmes mudos de Charlie Chaplin e Buster Keaton. Um computador não pode causar gargalhadas incontroláveis e nem ser sarcástico. Até o filme de ficção científica mais ambicioso ainda não imaginou robôs zoando um do outro.

Além disso, o *contexto* é importante na comédia. Diga a um padeiro que ele é "um pão", e o resultado é uma risada. Diga a um banqueiro a mesma coisa, e o resultado é um processo judicial.

Os comediantes não se importam com processos; eles se importam com risos. A grande comédia é baseada na novidade e, portanto, a comédia como ofício está em constante evolução — mais rápida do que a inovação das empresas. A Starbucks pode vender a você o mesmo caramelo macchiato todos os dias, mas um comediante de *stand-up* não pode repetir uma piada para o mesmo público.

À primeira vista, a comédia parece ser apenas um jogo de talentos: é algo que você tem ou não tem. Claro, bons instintos e habilidade natural são importantes, mas se tornar um mestre da comédia exige um compromisso com o desenvolvimento profissional, um foco na criatividade e muito esforço. É um processo demorado. Você pode obter um MBA em dois anos, mas leva dez anos para ser um bom comediante — uma década quebrando regras, sendo destemido e desenvolvendo as habilidades profissionais necessárias dentro e fora do palco ou da tela.

Não são apenas os mestres da comédia que sabem da importância do desenvolvimento de habilidades para o sucesso. Com base na ameaça da IA, um relatório de 2018 do Fórum Econômico Mundial estimou as principais qualificações para a força de trabalho no futuro. Curiosamente, as habilidades ímpares da lista merecem destaque: 1) Pensamento analítico e inovação; 3) Criatividade, originalidade e iniciativa; 5) Pensamento crítico e análise; 7) Liderança e influência social; e 9) Raciocínio, resolução de problemas e imaginação.[1]

Essas habilidades também são a marca registrada de comediantes de sucesso. Tudo o que fazem e a qualidade com que o fazem requerem o domínio dessas habilidades.

Para alguns, a minha opinião sobre a invasão da IA parece exageradamente pessimista. Eu entendo, pois também sou um otimista por natureza. Sempre há um lado positivo. As habilidades ímpares ainda são importantes, pois vários novos empregos serão criados por causa da IA. Os avanços tecnológicos criam novos ofícios. Por exemplo, devido à revolução digital, agora temos motoristas da Uber, anfitriões do Airbnb e a Kim Kardashian.

De qualquer forma, meu argumento é claro. Ao se espelhar nas pessoas mais engraçadas, é possível desenvolver uma carreira melhor e um negócio mais inteligente.

E sem a necessidade de contar uma piada.

---

1 Fórum Econômico Mundial (2018). O futuro dos empregos: Emprego, competências e estratégia da força de trabalho para a quarta Revolução Industrial.

POR QUE ESTAMOS RINDO?

Para entender como aplicar as características distintivas da comédia aos negócios, é preciso compreender alguns conceitos básicos sobre humor. A seguir, disponibilizo um curso intensivo de teoria da comédia.

Comecei como um acadêmico típico. Como professor de marketing e psicologia, ensino economia comportamental, comportamento do consumidor, publicidade e gestão de marketing aos meus alunos de administração. Meu desempenho foi satisfatório o suficiente para que as faculdades me quisessem em seus cursos de MBA.

Porém, assim como acontece com muitas boas piadas (e inovações nos negócios), minha vida teve uma reviravolta inesperada. Durante a primeira metade da minha carreira, realizei uma pesquisa extensa sobre economia comportamental. Respondi a perguntas como: "De que modo os sentimentos afetam a maneira como as pessoas gastam dinheiro?"; "As pessoas podem se sentir felizes e tristes ao mesmo tempo?"; e "Por que a burocracia é tão chata?"

Há mais de uma década, enquanto realizava estudos sobre julgamento moral e tomada de decisões, fui convidado por uma colega professora e coautora para dar uma palestra na universidade em que ela lecionava — uma prática comum no mundo acadêmico. Em troca de uma passagem de avião, um quarto de hotel e uma deliciosa refeição, o público acadêmico tem uma visão antecipada de sua pesquisa e debate suas ideias por uma hora. Diferentemente de ser bloqueado no Twitter por seu rival, essa é uma honra que você pode adicionar ao seu currículo.

Na palestra, apresentei nossa pesquisa mais recente sobre a moralidade do marketing religioso. Na época, as igrejas evangélicas tinham começado a usar táticas de marketing para salvar almas perdidas. Assim como um bom negócio, elas buscaram as percepções do consumidor: por que as pessoas não vão à igreja? O feedback: o sermão me dá sono, meus filhos ficam entediados e é quase impossível estacionar. A solução da igreja: incluir uma banda de rock, contratar manobristas e adicionar centros de "entretenimento" com videogames e cafeterias.

Compartilhei uma história sobre uma igreja de Tampa que usou uma promoção para aumentar a participação em seu retiro de inverno: qualquer pessoa que comparecesse entraria em um sorteio de prêmios. Para alguns docentes da plateia, apenas esse fato já era abominável, mas, para outros, o limite foi ultrapassado pelo grande prêmio particularmente ostentatório: um Hummer H2 SUV amarelo.

Minha pesquisa estimou que a plateia ficaria irritada, mas não foi o caso. Os docentes riram. Confesso, não foi bem uma gargalhada, mas uma risadinha cordial. Uma mão se ergueu no fundo da sala. Um dos professores que tinha ficado quieto até aquele momento me fez a pergunta mais importante da minha vida:

> Você acabou de nos dizer que as violações morais provocam indignação e repulsa. No entanto, quando nos apresentou um exemplo de violação moral, nós rimos. Por quê?

Fiquei ali parado, completamente perplexo. Pela primeira vez, me perguntei: *O que torna as coisas engraçadas?*

O QUE TORNA AS COISAS ENGRAÇADAS

A compreensão do humor é importante.

O humor é uma experiência universal para pessoas de todas as idades e culturas. Há inclusive evidências de que mamíferos — incluindo chimpanzés, cães e até ratos — têm suas próprias versões animais de riso quando se envolvem em brincadeiras de luta.[2]

A busca pelo humor influencia com quem escolhemos passar o tempo. Nós nos interessamos por pessoas que nos fazem rir ou que riem de nossas piadas. Dica de especialista: se você e outra pessoa riem da mesma coisa, é provável que tenham muito em comum. O humor é uma ferramenta social tão poderosa, que costumamos fingir uma risada — o que explica a autoconfiança delirante do seu chefe.

A busca pelo humor também incentiva a forma como gastamos nosso dinheiro e nosso tempo: os programas de rádio e os podcasts que ouvimos, as contas do Twitter e do

2 Pergunte aos donos de cães se seus animais de estimação têm senso de humor e você ouvirá histórias entusiasmadas. Quanto aos donos de gatos... nem tanto.

Instagram que seguimos e os programas e filmes a que assistimos.

A pergunta "o que torna as coisas engraçadas?" remonta à época da filosofia grega, há pelo menos dois milênios e meio. Aristóteles e Platão ponderaram essa questão, assim como outras grandes mentes da filosofia, das ciências sociais e do entretenimento: Thomas Hobbes, Immanuel Kant, Charles Darwin, Sigmund Freud, Mark Twain, Carol Burnett, Judd Apatow e Johnny Knoxville.

Apesar de não ser um dos grandes pensadores da história, eu tinha duas vantagens importantes. Primeira, eu poderia me basear nas descobertas deles. Segunda, eu tinha a capacidade de fazer experimentos.

Posso planejar um experimento e analisar dados como um campeão (se houvesse campeonatos para análise de dados). No entanto, eu achava que não conseguiria resolver essa questão sozinho, e acabei convidando Caleb Warren, um doutorando superinteligente. Nosso objetivo inicial era modesto: explicar quando as pessoas riem de violações morais. Para tanto, precisávamos descobrir a resposta da grande pergunta: o que torna as coisas engraçadas? O problema era que o estudo do humor foi relegado a um nicho de pesquisadores — e eu não conhecia nenhum deles.

Em um periódico desconhecido, encontramos um artigo do linguista Thomas Veatch. Achei que era o melhor texto sobre o assunto, e Caleb e eu trabalhamos para aplicar suas ideias ao que chamamos de Teoria da Violação Benigna.

A TEORIA DA VIOLAÇÃO BENIGNA

Uma violação benigna consiste em uma situação paradoxal na qual há algo inadequado, ameaçador ou confuso (uma violação), mas ao mesmo tempo adequado, seguro ou lógico (uma característica benigna). A risada resultante revela: "Aquilo que parece inadequado na verdade é adequado." No caso de cócegas e brincadeiras de luta, esses ataques são inofensivos.[3]

A teoria explica as duas maneiras de as tentativas de humor falharem. Se uma situação é apenas uma violação, ela provoca indignação e repulsa. Se a situação for apenas benigna, ela gera tédio. Para ser engraçada, é necessária uma mistura precisa de ambas — o meio-termo ideal. Uma tarefa nada fácil.

3 A comédia física tem os mesmos elementos. Em outras palavras, o primeiro comediante provavelmente foi um macaco, o que faz com que escorregar na casca da banana seja algo um pouco mais antigo do que imaginamos.

Por exemplo, no jogo de palavras, algo pode transmitir um significado que é considerado impróprio de uma perspectiva, mas próprio de outra. É precisamente por isso que "ele é um pão" é engraçado para um padeiro (violação benigna), mas ofensivo para um banqueiro (violação autêntica).

A teoria também explica a famosa afirmação: Comédia = Tragédia + Tempo. É por isso que costumamos ler a frase "Cedo demais" quando Gilbert Gottfried ou Anthony Jeselnik fazem uma piada nas redes sociais logo após uma tragédia.[4]

A proximidade — a partir do tempo, da distância física ou da conexão social — afeta o quão engraçado algo pode ser. Quanto mais distante, mais benigno. Quanto mais próximo, maior é a ameaça de violação. Por exemplo, não é engraçado quando seu filho cai de um skate, mas pode ser engraçado ver outra pessoa caindo no YouTube, principalmente se for desconhecida. As múltiplas formas de distância fazem com que o acidente encontre o meio-termo ideal demonstrado no diagrama de Venn.[5]

E, se o skatista for um estranho que xingou um sem-teto antes de cair de cara no chão, bem, é ainda melhor, porque esse babaca merecia.

---

4 Quando acontece uma tragédia, os amigos e a família de Anthony Jeselnik imediatamente mandam uma mensagem para ele: "Não faça isso!"

5 A propósito, se minhas advertências sobre a invasão da IA forem uma violação excessiva, assista à falha de um robô no YouTube, desfrute de uma gargalhada e sinta alívio.

Analisemos uma última evidência. Essa teoria também explica por que a mesma piada pode ser percebida de forma tão diferente por três pessoas distintas: benigna (entediante) versus violação (ofensiva) versus violação benigna (engraçada). O que é engraçado (ou não) é subjetivo para você, como indivíduo, pois depende de seus valores, sua cultura, seu humor e a quantidade de bebida alcoólica ingerida. É exatamente isso que torna a comédia tão difícil e nos faz valorizá-la tanto — sobretudo quando as pessoas conseguem improvisar.

MAS O QUE EU SEI?

Posso ser apenas mais um mero mortal, mas passei longos dias e noites preso em meu escritório escrevendo artigos complexos sobre as causas e consequências do humor (Dr. Mero Mortal, muito obrigado). Para facilitar minha pesquisa acadêmica, fundei o Humor Research Lab [Laboratório de Pesquisa do Humor], carinhosamente conhecido como HuRL.[6]

Meus artigos estavam sendo aceitos nas principais revistas científicas e comecei a me sentir bem comigo mesmo. Tão bem, na verdade, que, em um momento de presunção, tentei fazer *stand-up*... em uma noite do microfone aberto... em um bar... totalmente *alcoolizado*.

---

6 Minha decisão de estudar o humor é considerada frívola por muitos colegas acadêmicos. Certa vez, dei uma palestra sobre minha pesquisa em uma faculdade de administração da Ivy League. Depois, encontrei um dos docentes. Enquanto eu esperava pelo habitual "gostei da sua palestra", ele casualmente se recostou em sua cadeira de couro e disse: "Estou impressionado com essa coisa de humor. Você está destruindo a sua carreira."

Não é brincadeira... Consegui arrancar uma risada, foi sem querer, e não aconteceu porque eu estava usando um colete de lã.

Estar alcoolizado acabou sendo benéfico. Percebi que, para compreender plenamente a complexidade do humor, tinha que enfrentar a desordem da comédia no mundo real.

Juntei-me a Joel Warner, um jornalista que trabalhava em Denver, para iniciar uma quixotesca expedição global a fim de decifrar o código do humor.

A experiência mudou minha perspectiva — e minha vida. Presenciei uma comédia de esquetes ser encerrada pelo governo palestino, investiguei as causas da polêmica das caricaturas de Maomé na Dinamarca, analisei uma epidemia de gargalhadas na Tanzânia, fiz palhaçadas com Patch Adams na Amazônia, fiquei bêbado com os *Mad Men* em Nova York, troquei piadas com comediantes em um game show japonês e estudei com os melhores improvisadores do mundo no Upright Citizens Brigade (UCB) em Los Angeles.

Após 146.450 quilômetros cruzando o globo, Joel e eu tínhamos bastante material para o nosso livro, *The Humor Code* ["O Código do Humor", em tradução livre]. Como está sempre em busca de uma história divertida, Joel me obrigou a fazer outro *stand-up* — dessa vez no festival Just for Laughs, o maior palco de comédia do planeta.

Felizmente, essa tentativa foi melhor do que a primeira. Mas, acredite, pelo bem do mundo e do público, decidi me concentrar em estudar comédia em vez de executá-la.

OS TRÊS PILARES DA COMÉDIA

As lições deste livro foram extraídas de inúmeras horas de observação, discussão, pesquisa e experimentos de comédia — em todas as suas formas. Passo um bom tempo com comediantes, muitos dos quais se tornaram meus amigos, confidentes e parceiros de negócios. Para esse fim, sou o apresentador do podcast *I'm Not Joking*, que aborda a vida de pessoas engraçadas. Por diversão, criei um game show de comédia chamado *Funny or True?*, que coloca comediantes contra cientistas para ver quem tem a melhor mistura de inteligência e senso de humor.

A partir desses estudos, constatei que a maioria das oportunidades profissionais na comédia se enquadra em três categorias:

Stand-up. *Stand-up* é o que grande parte das pessoas pensa ao ouvir as palavras "comédia ou comediante": uma única pessoa de pé no palco, apresentando material ensaiado, para uma plateia cativa. Comediantes de *stand-up* são muito bons em salientar o que há de errado com o mundo de maneira encantadora (e geralmente inofensiva). Muitos dos estudos de caso neste livro foram retirados desse contexto.

Improviso. A comédia improvisada gera o divertimento a partir do nada. Repito: do nada. É o tipo de comédia criada do núcleo de uma ideia, não planejada e não ensaiada. Essa forma de arte é fascinantemente menos focada no público e mais focada na equipe. Se esta for eficaz, as gargalhadas acontecem. O improviso diz respeito à inovação.

Esquete. O esquete de comédia integra o texto que fundamenta o *stand-up* e a cooperação da equipe de improviso. O esquete é a base para *sitcoms* e cenas de filmes. Geralmente, além dos vários escritores, há um diretor que coloca o roteiro em prática e os atores que executam as solicitações do diretor, talvez improvisando para melhorar o produto final.

Cada pilar tem suas melhores práticas e perspectivas intensas. Sim, os comediantes podem beber demais e usar bermudas para trabalhar, mas eles fazem um trabalho difícil parecer fácil. É exatamente por isso que devemos prestar atenção à forma como executam seu ofício — um caminho para o progresso no importante mundo dos negócios.

LIÇÕES PARA OS NEGÓCIOS

Quando comecei a estudar humor, pensei que estava deixando minha vida de professor de administração para trás. Porém, à medida que fui conhecendo a comédia, o professor de negócios em mim não pôde deixar de notar as práticas, as perspectivas e as personalidades que levaram alguns comediantes ao sucesso e outros ao fracasso.

Por meio da combinação dos meus mundos — negócios, ciência e comédia —, apresentarei insights exclusivos que determinam o que é necessário para ter sucesso.

Procure esses elementos em cada capítulo:

Comédia. Cada capítulo traz um vislumbre do mundo divertido — mas misterioso — da comédia profissional. Você não encontrará as mesmas velhas histórias presentes em todos os outros livros de negócios ou de autoajuda. Em vez disso, aprenderá:

- A mentira mais importante que Jamie Foxx já contou.
- Como Hannah Gadsby ficou mais famosa quando parou de contar piadas.
- Por que Andy Kaufman foi demitido de um programa de TV ao dar uma ideia para sua apresentação.
- Como Doug Stanhope transformou um crime em um especial de *stand-up*.
- Por que o catálogo de piadas de Joan Rivers rivalizava com a Biblioteca do Congresso.
- A única coisa que todo comediante sempre carrega. (E não, não é um bong.)

Negócios. Além de descortinar os hábitos das pessoas mais engraçadas do mundo, você também receberá lições práticas para aplicar à sua vida profissional. Prepare-se para superar seus desafios profissionais aprendendo:

- Um truque de comédia "básico" utilizado por Chris Rock, Tina Fey e quase todos os outros comediantes que o ajudará a superar vieses e criar melhores soluções de negócios.
- Como o modelo cooperativo do *SNL* e da *In Living Color* pode aprimorar sua equipe e transformar uma ideia em um produto lucrativo.
- Como a magia oculta do design de um clube de comédia pode determinar a melhor experiência do usuário.
- Por que uma restrição dos redatores do *Onion* pode aumentar a criatividade.
- A lição essencial do 0800 de Bill Murray — e por que dizer "não" costuma ser mais importante do que dizer "sim".

Evidências. Haverá o suporte de ciências comportamentais avançadas, pesquisas de negócios e estudos de casos reais. Vou poupá-lo da maior parte do jargão acadêmico, mas saiba que eu estava usando um jaleco quando escrevi esses trechos.

Implicações e conclusões. Cada lição tem potencial para aplicação direta. Elaborei tarefas específicas para ajudá-lo a fazer exatamente isso. Algumas estarão no final do capítulo, com o título "Implicação" ou "Desenvolva seu truque". Outras podem ser encontradas em PeterMcGraw.org, espaço no qual disponibilizo uma apostila gratuita, com exercícios práticos.

Fora da caixa. Entre os capítulos, incluí minilições dos mestres da comédia. Considere esses "fora da caixa" uma espécie de tira-gosto.

Entretenimento. As pessoas esperam que um livro sobre comédia seja engraçado. Sim, daremos algumas risadas, mas, sobretudo, quero garantir que sua carreira não é uma piada. Como bônus, criei uma lista no YouTube para muitos dos números de comédia mencionados e outros recursos.

Mais importante, recrutei meu grande amigo Shane Mauss, que aparece de vez em quando para compartilhar ideias de sua vida como comediante profissional. Enquanto sou um cientista que estuda comédia, ele é um comediante que faz piadas sobre ciência. Naturalmente, somos amigos. Como ele não trabalha em uma universidade, pode dizer coisas que não posso.

Procure a imagem do "Truque do Shane", que indica que ele está prestes a apresentar seu ponto de vista cômico.

TRUQUE DO SHANE

Como Pete mencionou, ele e eu somos um casal um tanto estranho. Pessoas drasticamente diferentes de maneiras maravilhosamente compatíveis.

Eu faço as pessoas rirem. Pete ri com facilidade. Ele faz experiências científicas; eu, alcoólicas. Quando nos conhecemos, eu estava festejando e Pete estava... bem... Pete estava usando um colete de lã.

Eu estava começando a explorar a ciência por meio da comédia (algo em que a maioria do público da comédia não tem interesse) e Pete estava começando a explorar a comédia por meio da ciência (algo em que a maioria dos acadêmicos não tem interesse). Ambos éramos bem-sucedidos em nossas funções tradicionais e estávamos arriscando ao explorar o desconhecido, sem garantias de que valeria a pena.

Uma situação promissora.

Como alguém que se considera um aprendiz de sua própria arte e passou muito tempo analisando e pensando profundamente sobre o que torna uma comédia boa, adoro o que Pete faz. E ele é incrivelmente bom nisso.

Há muitas pessoas por aí (inclusive comediantes) que pensam que a comédia é um dom inato que não pode ser ensinado ou estudado. Essas pessoas são do tipo que se recusa a ler as instruções ao montar os móveis da Ikea. Claro, realmente parece uma estante de livros, mas eu não colocaria meu próximo Prêmio Pulitzer por este livro nela.

Não seja essa pessoa. Leia as instruções.

Obrigado, Shane. Aliás, não o paguei para dizer isso. Na verdade, ele não está recebendo um centavo. Espero que ele saiba.

Lição rápida de comédia do McGraw: sempre deixe o arremate para o final.

NÃO TENTE SER MAIS ENGRAÇADO NO TRABALHO

Para ser bem claro: este não é um livro sobre ser engraçado para progredir nos negócios. Já defendi os benefícios do humor no local de trabalho, mas mudei de ideia.

Apenas não acredito que ser engraçado seja a melhor solução para os problemas profissionais da maioria das pessoas.

Primeiro, os riscos do humor em um ambiente profissional nem sempre valem as recompensas potenciais. Existem duas vezes mais maneiras de falhar do que de ter sucesso. A comédia pode falhar por: 1) entediar muito as pessoas ou 2) causar indignação e isolamento social. E é difícil prever de que forma você falhará.

Segundo, as risadas são um alvo em movimento. Embora o humor seja uma experiência universal, o que é benigno e o que é uma violação (isto é, o que é engraçado) são ridiculamente subjetivos e baseados em vastas diferenças individuais e culturais. Resumindo, a mesma piada pode fazer uma pessoa rir, outra bocejar e outra bufar.

Terceiro, todos pensam que são engraçados porque *se acham* engraçados. Algumas pessoas são realmente hilárias, mas o piadista comum confia no que ele acha cômico, e não no que o público achará. Então, se eu disser a todos para serem engraçados, precisamos nos preocupar com "aquele cara". O cara que acha que é engraçado (mas não é). É como meus alunos sempre me lembram depois que faço uma piada: o local de trabalho não precisa "daquele cara".

Quarto, mesmo quando você é engraçado, a comédia pode ter o efeito contrário. Por exemplo, um estudo recente descobriu que fazer piadas durante uma apresentação melhora o status do homem, mas prejudica o da mulher.[7] Lamentável.

Você pode ficar mais engraçado ao aprender as lições cômicas deste livro. Mas, se quiser ser mais engraçado no trabalho, faça aulas de improviso. Ou dê uma chance a um livro escrito para ensiná-lo a ser engraçado. Não me culpe se, ao bancar o comediante no escritório, as pessoas não o aplaudirem de pé. Estou tentando fazer você subir na hierarquia, e não ser chamado no RH.

---

7 Evans, J. B., Slaughter, J. E., Ellis, A. P. J., & Rivin, J. M. (2019). Gender and the evaluation of humor at work, *Journal of Applied Psychology*, 104, 1077–1087.

TRUQUE DO SHANE

Se está se perguntando se deveria contar uma piada a um comediante, não deveria.

No final dos meus shows, é comum que um público animado me aborde. Faça elogios. Alguns compram uma camiseta. Às vezes, em um esforço para ***me ajudar***, alguém diz: "Você provavelmente odeia quando as pessoas dizem: 'Tenho uma piada para você'."

Eu respondo: "Sim."

Então a pessoa diz: "Bem, tenho uma piada para você."

Aí eu me preparo para a piada mais racista e entediante que ouvi desde o ensino médio.

COMÉDIA VS. NEGÓCIOS

Quer você queira abrir uma empresa, ser promovido ou lutar contra a invasão da IA, reproduzir as habilidades dos mestres da comédia pode revolucionar sua vida profissional — e muito mais.

Lembre-se: não quero que você seja engraçado; quero que *pense* engraçado. Ou seja, quero que comece a pensar de maneira diferente. Assim, nunca pedirei que você conte uma piada para aplicar uma de minhas lições.

A comédia pode salvar o mundo — ou pelo menos o mundo dos negócios?

Vamos descobrir.

CAPÍTULO 1

INVERTA

"Precisamos de valentões."

Chris Rock compartilha essa perspectiva inquietante em seu especial de comédia *stand-up* da Netflix, *Tamborine*. Ele descreve a política rígida de proibição do bullying na escola de sua filha: uma política tão rígida, que qualquer valentão será expulso da escola imediatamente.

A reação dele?

"Naquele momento, eu queria tirar minha filha da escola."

Chris Rock escreveu, produziu, dirigiu e estrelou filmes e programas de televisão, mas é mais conhecido por seu *stand-up*. Seus especiais de comédia *Bring the Pain* e *Bigger & Blacker* o tornaram famoso (e um dos meus comediantes favoritos). Ele desenvolveu seu estilo observando o pai e o avô, ambos pregadores. Rock caminha pelo palco, repete sua premissa e costuma parar repentinamente para dar ênfase. Ele até tem seu próprio bordão: "Sim, eu disse isso!"

Rock acredita que o mundo é melhor com os valentões, pois eles preparam as crianças para as duras realidades da vida adulta. "Os valentões fazem metade do trabalho. Isso mesmo. Os professores fazem a metade, os valentões fazem a outra metade. E essa é a metade que você vai usar."

Ele ressalta que, com certeza, você pode saber programar um computador, mas isso não importa muito se "começar a chorar porque seu chefe não disse 'Olá'".

Ele conclui com um comentário sábio: "A pressão faz diamantes. Abraços, não."

Claro, os valentões são maus, mas Chris Rock defende o oposto. Ele é um mestre da inversão.

DESTRUA O STATUS QUO

Chris Rock, assim como a maioria dos comediantes, não é fã do status quo.

Os comediantes estão constantemente procurando o que há de errado com as coisas. Eles parecem reconhecer o que a maioria das pessoas (e empresas) não reconhece: o status quo deve ser abominado e evitado *a todo custo*.

Na maioria das vezes, as pessoas procuram manter o status quo. Sem grandes mudanças. Não vamos enlouquecer. O desejo de se apegar ao status quo e evitar mudanças é tão difundido e problemático, que os cientistas deram a ele um nome: viés do status quo.

Economistas comportamentais, empresários e CEOs estão (ou pelo menos deveriam estar) particularmente preocupados com o viés do status quo, pois ele inibe a disposição de correr riscos e mascara as oportunidades. Pessoas com esse viés (em outras palavras, a maioria da humanidade) acham excepcionalmente difícil se afastar de seu estado de mundo atual. Como o viés dificulta a mudança, as coisas permanecem as mesmas.

A causa subjacente do viés é a aversão à perda: a perda provocada por uma mudança é maior do que o ganho. Basicamente, somos mais sensíveis a coisas com potencial ruim do que com potencial bom. Já começou um novo trabalho e fez uma sugestão de mudança apenas para ouvir a resposta: "Não é assim que fazemos aqui"? Você acabou de testemunhar o viés do status quo em ação.

Pensar em sentido inverso abre um caminho que se desvia do status quo e leva a uma direção que poucas pessoas consideram. Isso costuma deixá-las desconfortáveis. Mas resultados extraordinários não vêm do pensamento comum.

INTENSIDADE PARA A SAÚDE

Você sabe quem mais não é fã do status quo? Tony Horton.[1]

Por décadas, o status quo na indústria fitness era vender maneiras "fáceis" de entrar em forma. Cintas vibratórias. Roupas de sauna. FitDance. Tênis de tonificação. Abdominais de 8 minutos. De 7 minutos. De 6 minutos. De 5 minutos. Você entendeu.

E o Shake Weight.

O Shake Weight é um produto ridículo. Mas o que deveria ter ocasionado uma ida ao RH resultou em vendas superiores a quarenta milhões de dólares.

Então apareceu Tony Horton com uma inversão.

Nos anos de 1980, Horton era um ator empenhado e aspirante a comediante que vivia em Los Angeles. Para pagar as contas, ele fazia de tudo um pouco. Era bartender, garçom, carpinteiro, faz-tudo e dançarino do Chippendales. Enquanto buscava uma carreira de ator, Horton começou a se exercitar bastante (musculação, ciclismo, corrida, calistenia, saco de pancada), inclusive ajudando um amigo da indústria musical a emagrecer mais de 11kg.

Ao ver resultados como esse, Tom Petty (sim, *aquele* Tom Petty) pediu a Horton para ajudá-lo a entrar em forma

1 E não Tim Hortons — empresa canadense de rosquinhas.

quatro meses antes de uma turnê. Após o treinamento, Petty ficou tão definido, que começou a usar seu colete de couro no palco — e sem camisa.

De repente, Horton se tornou um treinador de celebridades, requisitado por Billy Idol, Bruce Springsteen e Annie Lennox.

Quando foi abordado pela empresa Beach Body para criar um novo produto fitness, Horton usou táticas que funcionaram para seus clientes famosos: "confusão muscular" (ou seja, variedade), uma atitude atrevida e, claro, treinos pesados seis vezes por semana. O programa de alta intensidade inclui musculação, pliometria, kickboxing, cardio, ioga e o AbRipper. Não está convencido? A empresa pede que, antes de começar, você consulte um médico para avaliar sua saúde.

Você deve conhecer o treino como Power 90 Extreme (P90X).

O P90X foi inventado com uma promessa inversa à dos outros produtos no mercado: o P90X é difícil. Sei que é verdade. Enquanto pesquisava essa história, treinei com Horton em seu quintal e fiquei dolorido por dois dias e meio. Eu não sabia que minha virilha tinha esses músculos.

O P90x inverteu tudo o que a indústria estava fazendo. Uma sessão pode levar noventa minutos. Você não verá resultados em apenas dez dias. Ele é mais caro. Mesmo assim, o programa vendeu mais de quatro milhões de DVDs

— e vale duzentos milhões de dólares para sua empresa-mãe, a Beach Body.

Além das vendas, o P90X se tornou o DVD mais pirateado da época — as pessoas estavam forçando a barra para ficar fortes. Piada ruim. Onde está Shane quando preciso dele?

Ao inverter o status quo do exercício de *o mais fácil possível* para *intencionalmente difícil*, o P90X atingiu o carente mercado de alto desempenho. Como Horton brincou: "O Shake Weight tornou-se um peso de papel."

Esse é apenas um exemplo de inversão nos negócios. Vamos examinar mais de perto esse princípio, usando a perspectiva da comédia, para que você comece a projetar inversões por conta própria.

ARQUITETANDO UMA INVERSÃO

Inverter o que é esperado na mente do público é um dos primeiros truques — provavelmente o primeiro — que um comediante aprende.

A inversão pode ser vista na premissa da comédia, como uma piada sobre os valentões serem bons. O enredo de um filme pode ser baseado em uma inversão. Por exemplo, em *Trocando as Bolas*, um vigarista, interpretado por Eddie Murphy, e um banqueiro rico, interpretado por Dan Akroyd... trocam de lugar.

A típica comédia romântica segue um enredo padrão: garoto fica com garota. Garoto perde garota. Garoto recupera garota. O filme *Descompensada*, entretanto, é uma comédia romântica inversa. Os protagonistas trocam de papéis estereotipados. Amy Schumer interpreta uma garota festeira que resiste à monogamia, até que um médico gentil e bem-sucedido (interpretado por Bill Hader) a ajuda a ver as vantagens de "sossegar". Inverter a premissa típica da comédia romântica renovou uma história que, de outra forma, seria cansativa — e rendeu 140 milhões de dólares de bilheteria.

A inversão também pode integrar um arremate. Comediantes de *stand-up* geralmente criam uma expectativa no início da piada, apenas para inverter o curso no final.

Chuck Roy é um comediante "urso" de 1,90m e 122kg. Ele também é uma inversão personificada: um republicano gay. Seu sistema para criar inversões cômicas é:

Passo 1: comece com uma anedota ou frase. Essa é a preparação da piada.

Um exemplo de preparação da piada de Chuck Roy:

> *Sou de New Hampshire, onde o lema estadual é "Viva Livremente ou Morra"...*

Identifique a direção para a qual a anedota ou frase leva o público.

Passo 2: inverta a anedota ou frase. Esse será seu arremate.

Para encontrar o arremate perfeito, Roy faz três perguntas:

- Qual é o inverso dessa direção?
- Qual é a ideia oposta da frase?
- Há uma inversão inesperada?

> *Sou de New Hampshire, onde o lema estadual é "Viva Livremente ou Morra".* ***Eu escolhi me mudar.***

Passo 3: faça uma pausa para as risadas.

Eu adicionei esse passo.

Roy ainda é jovem. Aqui está outro exemplo de um dos mestres, Henny "The King of the One Liner" Youngman:

> *Quando li sobre os perigos da bebida alcoólica…*

A inversão inesperada de Youngman:

> *Quando li sobre os perigos da bebida alcoólica,* ***desisti de ler.***

Clássico.

Desfrute destas outras inversões cômicas:

> Tentei ser uma mãe dona de casa por oito semanas. Gostei da parte de ser dona da casa. Não muito da de ser mãe.
>
> — ALI WONG

> Minha irmã ficou com dois homens em uma noite. Ela mal conseguia andar depois disso. Dá para imaginar? Dois jantares!
>
> — SARAH SILVERMAN

> Meus pais eram rígidos. Certa vez eles me fizeram fumar um maço inteiro de cigarros. Um maço inteiro de uma vez... só para me ensinar uma lição valiosa... sobre lealdade à marca.
>
> — ANTHONY JESELNIK

As inversões são uma parte comum de uma boa zoeira. Enquanto apresentavam o Globo de Ouro, Tina Fey e Amy Poehler usaram uma inversão para zombar habilmente do Life Time Achievement Award de George Clooney:

> George Clooney casou-se com Amal Alamuddin neste ano. Amal é uma advogada de direitos humanos que trabalhou no caso da Enron, foi conselheira de Kofi Annan a respeito da Síria e foi uma das três pessoas selecionadas para a comissão da ONU que investigava violações das leis de guerra na Faixa de Gaza. Então, nesta noite, *seu marido* vai receber um prêmio pelo conjunto da obra.

PENSAMENTO DIVERGENTE

As inversões desafiam a maneira mais aceita de pensar, e pensar de novas maneiras é essencial para a criatividade.

A criatividade ocorre quando você encontra uma solução apropriada e original para um problema. Ou seja, você resolve um problema de uma nova maneira. As inversões nem sempre ajudam a encontrar uma solução apropriada, mas, quando o fazem, geralmente é original.

Alguns problemas não exigem criatividade, pois têm apenas uma resposta. Assim como a maioria dos testes padronizados, os problemas matemáticos costumam ser estruturados dessa forma (por exemplo, 2 + 2 = ___). Existe uma solução única a ser descoberta sistematicamente. Esses problemas exigem pensamento convergente (algo que a IA faz muito bem, a propósito).

Quando há mais de uma solução possível, o problema exige o que é chamado de "pensamento divergente" — a capacidade de levar uma ideia a várias direções.

O Teste de Usos Alternativos é uma forma de os cientistas mensurarem a capacidade criativa das pessoas. Um objeto do dia a dia é colocado na frente de uma pessoa — um tijolo, uma lixa de unha ou um clipe de papel. A pessoa tem alguns minutos para pensar no máximo possível de usos "alternativos". Por exemplo, um clipe de papel pode ser usado como caneta de tinta ou piercing no nariz. Os resultados são avaliados em quatro dimensões: 1) o número de alternativas, 2) sua originalidade, 3) a variedade de ideias e 4) quão detalhado é o pensamento.

Uma pesquisa constatou que a capacidade de ser engraçado está positivamente correlacionada ao desempenho no Teste de Usos Alternativos. Além disso, os comediantes são tão bons em pensamento criativo, que um estudo do MIT — o qual incluía uma competição de brainstorming entre designers de produto e comediantes de improviso — revelou que as ideias dos comediantes eram 25 por cento mais criativas.[2]

As inversões ajudam a estimular o pensamento divergente e, portanto, são úteis para os negócios. Gerar uma perspectiva inversa possibilita soluções adicionais que não são naturalmente consideradas.

INVERSÕES DE NEGÓCIOS

Vejamos alguns exemplos de como o mundo dos negócios aplica o conceito de "inversões" para atacar o status quo e encontrar uma solução realmente criativa.

Seja burro

Imagine tentar competir com a Apple e a Samsung no mercado de smartphones. Se todos estiverem agindo de forma

2 Kudrowitz, B. (2010). "Haha and Aha!: Creativity, Idea Generation, Improvisational Humor, and Product Design" (PhD diss., Instituto de Tecnologia de Massachusetts).

inteligente, inverta o curso e seja… burro. Isso é o que os empresários do Brooklyn Joe Hollier e Kaiwei Tang fizeram ao inventar o Light Phone 2, também conhecido como o "telefone burro".

O telefone faz o básico: mensagens de texto, chamadas, alarme e instruções simples. Satisfaz o desejo das pessoas de estarem menos conectadas ao mundo digital e presentes no mundo real. Liguei para Tang em seu telefone burro e ele me disse: "As pessoas não precisam levar um minicomputador para a feira."

O Light Phone 2 alcançou o quíntuplo de sua meta no site de financiamento coletivo Indiegogo. Parece que o antigo celular de flip do seu pai voltou à moda. Agora seja um bom filho e ajude-o a ajustar o relógio do videocassete.

A fim de _____

Quando se trata de namoro, existem duas perspectivas predominantes: pessoas que desejam amor e pessoas que desejam luxúria.

Os aplicativos de namoro foram fundados visando à primeira — busca do amor em relacionamentos de longo prazo. Eles evoluíram de sites como Match.com e eHarmony.com para dados demográficos mais direcionados, como Christianmingle.com, Farmersonly.com e Glutenfreesingles.com.

Mas o aplicativo de namoro OkCupid teve uma ideia diferente. A empresa decidiu que formar casais torna seu aplicativo inútil; então, em vez de focar o "Encontre o *para sempre*", o aplicativo visa ao "Encontre o *momentâneo*". Essa inversão é seu diferencial.

Seu marketing celebra ativamente o quão bom é ser solteiro, até mesmo dando à frase "a fim de transar" um toque positivo.

- A fim de dormir de conchinha
- A fim de chupar um picolé
- A fim de dar uma escapada

Claro, meus resultados do OkCupid foram razoáveis, mas, de acordo com o CMO da empresa, a campanha resultou em um aumento de 50 por cento no buzz marketing do OkCupid.[3]

Não compre

Na Black Friday de 2011, a Patagonia fez um anúncio de página inteira no *New York Times* com uma mensagem atípica.

3 Aliás, estou procurando uma conexão que esteja *a fim de financiar* meu próximo livro.

O status quo na publicidade é convencer os consumidores a comprar um produto (por exemplo, "Por tempo limitado") e construir associações positivas com a marca (por exemplo, "Ingredientes de qualidade. Melhor pizza"). Os anúncios geralmente evitam informações negativas sobre a empresa (por exemplo, "Nosso fundador é racista").

Mas inverter o curso da propaganda — para reconhecer elementos negativos do produto ou mesmo convencer os clientes a não comprar um produto — tem benefícios contraintuitivos.

Toda a indústria de atividades ao ar livre fala em sustentabilidade, mas a Patagonia fala e faz. A campanha "NÃO COMPRE ESTA JAQUETA" pede que os consumidores considerem comprar apenas coisas de que realmente precisam. O anúncio salienta o dano ambiental da produção da jaqueta — ajudando a construir uma marca autêntica, que se concentra em diminuir sua pegada ecológica. Ironicamente, durante o período da campanha, a empresa viu as vendas aumentarem quase 34 por cento.

E lembre-se: NÃO DIGA QUE ESTÁ GOSTANDO DESTE LIVRO A NINGUÉM.

FALHAS EM RECURSOS

Existe um tipo específico de inversão que é eficaz tanto na comédia quanto nos negócios: transformar um ponto negativo em um ponto positivo. Essa inversão é diferente da jaqueta da Patagonia — que criou um ponto negativo para chamar a atenção. Transformar uma falha em um recurso consiste em converter algo realmente negativo (ou percebido como negativo) em uma vantagem.

Os comediantes estão constantemente transformando suas falhas em recursos. Eles brincam sobre ser muito gordos, muito magros, muito baixos, muito altos, muito peludos ou muito carecas. Esse tipo de piada autodepreciativa geralmente inicia um repertório de piadas.

Ao zombar da peculiaridade sobre a qual o público já está pensando, o comediante cria uma violação benigna, alivia a tensão, aumenta a simpatia e, o mais importante, adquire liberdade para zoar qualquer outra coisa.

TRUQUE DO SHANE

Os comediantes costumam destacar seu pior defeito e zombar dele, até o público gostar. Quando comecei a fazer *stand-up*, provavelmente fui uma das pessoas mais tímidas a testar essa estratégia. Em vez de mascarar minha timidez, usei minha "modesta" disposição do meio-oeste para apresentar meu material mais pesado de forma ingênua e perdoável. Essas violações se tornam mais benignas.

UM TERCEIRO MICROFONE

Neal Brennan é a pessoa mais engraçada de quem você ouvirá falar. Conheci Brennan há muitos anos, no Festival de Comédia Just for Laughs, em Montreal. Eu o reconheci por ele ter sido coadjuvante em um esquete do *Chappelle's Show*.

Na época, eu não sabia que Brennan era o cocriador. Não se deixe enganar pelo nome do programa. Sem Brennan, não há *Chappelle's Show*. Ele ajudou a escrever alguns dos esquetes mais famosos: *Racial Draft*, *Mad Real World* e *Frontline: Clayton Bigsby*.[4]

4 É no vídeo de Clayton Bigsby que Brennan aparece. Procure o cara cuja cabeça explode.

Depois que o show acabou, Brennan levou a sério a comédia *stand-up*, mas teve dificuldades para ter sucesso. Ele é um cara legal — supergeneroso, na verdade —, mas lhe falta a cordialidade que ajuda o público a se conectar com um comediante de *stand-up*.

Coloque-se no lugar de Brennan: você escreve ótimas piadas, mas não consegue se tornar um grande comediante, pois lhe falta a simpatia natural que seus amigos Dave Chappelle e Chris Rock têm no palco. O que você faz?

Brennan decidiu transformar sua falha em um recurso para o seu especial de comédia da Netflix, *3 Mics*. No show, ele alterna entre três suportes de microfone: "One-liners", "Stand Up" e "Emotional Stuff". Esse terceiro microfone é a melhor parte do show, na qual ele fala com autenticidade sobre todas as coisas que o tornaram menos simpático. Brennan discute sua luta contra a depressão e reflete sobre o relacionamento abusivo com seu pai.

O desempenho dele foi tão cativante, que *3 Mics* recebeu críticas melhores do que o especial *Tamborine*, de Chris Rock.

FALHAS DE NEGÓCIOS

O conceito de transformar falhas em recursos é tão eficaz no mundo dos negócios quanto na comédia, particularmente na programação. Por exemplo, o criador do jogo *Space Invaders* decidiu não reparar uma falha que fazia com que os invasores acelerassem. A falha se tornou um recurso importante: quanto mais você joga, mais desafiador o jogo fica. A seguir, há mais três falhas de negócios reformuladas como recursos.

Cancelar envio

Em 2015, os engenheiros do Google tiveram um problema. As mensagens do Gmail estavam demorando muito para ser enviadas. A equipe de engenharia decidiu transformar o atraso em uma oportunidade valiosa para os clientes que se arrependiam do envio, transformando a falha em um recurso e introduzindo a opção "cancelar envio".

Eu gostaria que meu celular tivesse esse recurso para desfazer substituições do corretor automático. Quando é que essa opção será lançada?

Parafina e resíduos

Em 1969, a empresa California Cedar Products (CalCedar) estava produzindo ripas de madeira para 4 milhões de lápis por dia. O processo gera muitas sobras de serragem. Em vez de descartá-las, a empresa descobriu que, quando combinada com parafina, a serragem poderia virar uma tora para acender lareira — Duraflame.

Oito anos depois, as vendas da CalCedar aumentaram de 7 milhões de dólares por ano para 50 milhões de dólares por ano — com metade dessas vendas devida à Duraflame.

Nenhuma novidade. Nenhuma melhoria.

Na década de 1980, o Buckley's ficou em nono lugar no mercado de xarope para tosse, do Canadá. Em outras palavras, a marca estava com problemas. Afinal, o Buckley's tinha um gosto horrível.

A solução óbvia seria eliminar o ponto fraco. A empresa poderia ter adicionado um sabor de cereja ou alterado a fórmula do xarope. Em vez disso, lançou uma campanha transformando uma falha (o sabor horrível) em um recurso (um motivo para acreditar que o xarope funcionava).

It tastes awful. And it works.

Legenda: Tem um gosto horrível. E funciona.

Implicação: funciona *porque* tem um gosto horrível.

A decisão também possibilitou que a empresa criasse vários anúncios impressos divertidos:

> "As pessoas confiam em seu valor. E xingam seu sabor."

> "Nosso maior frasco tem 200ml. Qualquer quantidade a mais seria cruel."

Apelando para a motivação das pessoas de se curar e para a crença de que o remédio de verdade não deveria ter um gosto bom, o Buckley's acabou se tornando o principal xarope para tosse do mercado. O reposicionamento da empresa foi tão eficaz, que ela gastou apenas um quarto do valor de alguns de seus concorrentes em publicidade. O sucesso levou a empresa farmacêutica Novartis a comprar a Buckley, em 2002.

IMPLICAÇÃO: SH*TSTORMING

Todo mundo conhece a primeira regra do brainstorming: não critique ideias. Mesmo assim, os brainstormers relutam em compartilhar ideias. Como docente de uma faculdade de negócios, isso me entristece — porque é o material verdadeiramente ultrajante que tem o potencial para um insight profundo.

Com base nos insights da inversão, inventei uma estratégia de brainstorming que chamo de "Sh*tstorming".[5] Quando conduzo workshops de concepção, peço aos participantes que criem o máximo possível de ideias verdadeiramente terríveis em determinado período de tempo.

5 Ou o nome mais agradável para o RH: "Shakestorming".

Gerar um sh*tstorm acarreta três benefícios para o grupo:

Primeiro, superar o problema de criticar ideias. As ideias já são péssimas, então o que resta para criticar?

Segundo, o sh*tstorming é muito divertido e serve como um bom aquecimento para uma tarefa de brainstorming tradicional.

Terceiro, o sh*tstorm pode levar a ideias criativas que você normalmente não teria no brainstorming tradicional. Por exemplo, alguém pode dizer: "Essa ideia é tão maluca, que pode funcionar." Ou, após examinar as ideias terríveis, você as inverte e vê se alguma pode se tornar boa.

A inversão é apenas uma ferramenta no repertório do comediante e integra um conjunto maior de habilidades que podem ser aplicadas aos negócios: a capacidade de sair do *mainstream*.

Você pode baixar um exercício de sh*tstorming, como parte da apostila deste livro, em PeterMcGraw.org.

TRUQUE DO SHANE

Ei, Pete! Que tal esta ideia para um sh*tstorming?

Você pode adicionar comentários de um comediante que ninguém conhece.

Shane, isso é tão louco! Pode funcionar.

DESENVOLVA SEU TRUQUE

Uma boa inversão cômica pode trazer grandes recompensas — melhores premissas, enredos e arremates. Nos negócios, assim como na comédia, só obtemos a recompensa se abandonamos o status quo.

No mundo dos negócios e além, você pode achar desafiador estabelecer a inversão. Espere resistência, pois provavelmente os outros estão pensando de forma diferente. Você não precisa dizer às pessoas o que está fazendo nos bastidores. O que importa é a qualidade das soluções para seus problemas.

Escolha um problema que está enfrentando e comece a desenvolver uma perspectiva oposta.

- Se está com dificuldades para reduzir os custos, pode questionar: "Em vez disso, como podemos aumentar os custos? Que benefício isso traria? Realmente geraria mais valor?"
- Se precisa descobrir como atrair mais clientes, pode, em vez disso, perguntar: "Há clientes onerosos que podemos dispensar?"
- Ao mesmo tempo que está pensando em reduzir seus preços, pode questionar: "Como aumentar os preços?"

- Se suas comunicações de marketing dizem a mesma coisa que seus concorrentes, você pode perguntar: "Como podemos dizer o contrário?"
- Ao lamentar seu ponto negativo, tente perguntar: "Como posso considerá-lo um ponto positivo?"
- Está pensando em largar este livro? Faça uma inversão inesperada, finalize a leitura e diga a seus conhecidos para fazer o mesmo.

Incluí um modelo para esse tipo de pensamento na apostila, no meu site.

Agora que você já conhece bem as inversões, vamos adicionar uma camada. O seu primeiro Fora da Caixa está subindo ao palco para abordar o poder do três.

FORA DA CAIXA: NÃO UM. NÃO DOIS. TRÊS.

Nikki Glaser é a comediante ideal para um Comedy Central Roast. Ela é inteligente, destemida e, como você verá mais tarde, tem um processo infalível de lançar bombas cômicas sobre Alec Baldwin, Bruce Willis e Justin Bieber.

Em um show recente, ela usou uma inversão para zoar Martha Stewart:

> "Minha mãe aprendeu tudo com Martha Stewart. Cozinhar, limpar e negar afeto."

Como revelado pela piada de Glaser, a inversão pode complementar outra tática básica da comédia: a regra de três. Os comediantes geralmente estabelecem um padrão e depois o quebram de uma forma divertida.

Na verdade, as coisas boas parecem vir em três. (Supostamente, as coisas ruins também.) Existe uma completude no número três. Uma estrutura de três atos é a norma no teatro e no cinema. Os artigos e as apresentações têm três partes: introdução, desenvolvimento e conclusão. E, claro, sempre há o lembrete útil: "Parar, cair *e* rolar."

A mesma regra se aplica a slogans de negócios, que tendem a ter três palavras ou a cadência em um conjunto de três:

- Feito para Você
- A Verdadeira Maionese
- Just Do It

Estudos de psicologia e marketing sobre persuasão constataram que dois argumentos são poucos, mas quatro costumam ser demais (pelo menos quando o público sabe que uma mensagem se destina a persuadir).

Portanto, na próxima vez em que pedir um aumento, apresente três razões convincentes. Se você só tem duas, espere até ter três.

TRUQUE DO SHANE

Costumo usar a regra de três. Primeiro, estabeleço a premissa. Segundo, crio uma expectativa. Terceiro, falo sobre meus órgãos genitais.

CAPÍTULO 2

SAIA DO *MAINSTREAM*

A comédia requer coragem — coragem de fazer coisas que nunca foram feitas e de dizer coisas que nunca foram ditas.

Hannah Gadsby é corajosa.

Ela começa *Nanette*, seu especial de comédia na Netflix, abordando o desconforto por viver em uma cidadezinha do interior da Austrália. Gadsby cresceu em Smithton, Tasmânia (população de 3.818), que ela adorava, mas que teve que deixar "ao descobrir que era um pouco lésbica".

Veja: até 1997, a homossexualidade era crime na Tasmânia.

Gadsby faz piadas autodepreciativas sobre ser lésbica e viver em um lugar tão hostil à sua orientação sexual. Ela não tinha acesso a informações sobre homossexualidade, e as disponíveis eram principalmente sobre homens gays:

> Por muito tempo, soube mais fatos sobre unicórnios do que sobre lésbicas.
>
> (Pausa)
>
> Não existem fatos sobre unicórnios.

Clássico.

Conforme o especial continua, ela compartilha algo que está considerando muito seriamente: desistir da comédia.

> No último ano, andei questionando, reavaliando. Reavaliando. Acho saudável para um adulto dar um tempo, parar e reavaliar. Quando comecei a fazer "a comédia", há mais de uma década, meu comediante preferido era Bill Cosby. Viram? É muito saudável reavaliar, não é?
>
> Construí uma carreira com base no humor autodepreciativo. Baseei minha carreira nisso. E... não quero mais fazer algo assim.
>
> Porque, vocês entendem... Entendem o que autodepreciação significa quando vem de alguém que já existe à margem? Não é humildade. É humilhação. Eu me coloco pra baixo pra poder falar, pra pedir permissão pra falar.

> Simplesmente não vou mais fazer isso. Nem comigo, nem com ninguém que se identifica comigo.

Gadsby prossegue dizendo que, para fazer suas piadas serem boas, teve que omitir muito da verdade — o trauma sofrido como mulher e lésbica em um mundo que nem sempre é acolhedor para mulheres e lésbicas. Ela então conta toda a verdade sobre ter sido abusada sexualmente quando criança, agredida fisicamente aos dezessete anos e estuprada aos vinte.

Hannah Gadsby quebra as regras de um especial de *stand-up*. Seu público vai para um show de comédia e, em vez disso, recebe a experiência de vida nada engraçada de uma mulher marginalizada.

No final, ela é aplaudida de pé.

O que podemos aprender com Gadsby? Primeiro, é necessária uma perspectiva cômica invertida para reconhecer que seu ganha-pão pode, na verdade, estar piorando sua situação. Segundo, ela adotou uma abordagem diferente para um show de comédia tradicional. Algo semelhante ao *3 Mics*, de Neal Brennan, no qual ele omite piadas por um terço do show. Gadsby vai mais longe, desfazendo as violações benignas criadas no início do show e expondo as violações que formam a base para as piadas.

Esse tipo de coragem pode trazer grandes recompensas.

Desde sua tentativa de desistir da comédia, Hannah Gadsby está trabalhando mais do que nunca — abrindo seu próprio caminho.

OUSADIA

Eu sugiro que você imite os comediantes e procure sair do *mainstream*. Você conhece os clichês: nadar contra a corrente, fugir dos padrões, pensar fora da caixa. (Eca... Prometi a mim mesmo que pensaria em uma maneira fora da caixa de dizer "fora da caixa".)

Comediantes não são bons seguidores de regras. Eles não costumam ser o tipo de pessoa ideal para liderar uma sala de reuniões, de aula ou de redação (a menos que a redação seja do *Daily Show*). Mas não seguir regras é o segredo para o sucesso na comédia. Por sua própria natureza e pela natureza de seu trabalho, os comediantes devem pensar de forma diferente das pessoas comuns — e, portanto, agir de forma diferente das pessoas comuns.

Para sair do *mainstream*, os comediantes devem primeiro observar o mundo ao seu redor e ver como as coisas realmente são — a maneira como os outros estão pensando e se comportando. A partir daí, eles podem agir de formas que violem o status quo.

A comédia geralmente começa quando se sai do *mainstream*, em pensamento e ação — tanto que este poderia (deveria?) ter sido o Capítulo 1. A inversão é um caso especial de sair do *mainstream*.

Mas a comédia é mais do que apenas criar uma violação benigna — é criar uma violação benigna que ninguém jamais viu ou ouviu. A comédia exige novidade. E, sejamos sinceros, é difícil fazer algo que nunca foi feito.

Por causa dessa relevância atribuída à novidade, os comediantes não apenas precisam quebrar as regras do status quo no mundo normal, mas devem fazê-lo de maneira diferente dos comediantes que quebraram as regras antes deles.

Da mesma forma, grandes oportunidades de negócios costumam ser novas, mas muitas empresas se concentram na imitação, pensando que isso levará ao sucesso. Porém, se o objetivo do negócio é ser o melhor, então é proveitoso fazer algo diferente, algo que seja novo. Resolva um problema que nunca foi resolvido ou resolva o problema de uma forma inédita.

Pensar e agir como um comediante o ajudará a reconhecer as regras, questionar se as regras são boas e, em seguida, violá-las em seu benefício.

TRUQUE DO SHANE

Comecei a fazer comédia em Boston, uma cidade com uma rica história de comediantes. No início da minha carreira, eu era excepcionalmente desinteressante e monótono. Certa vez, alguém me comparou ao grande Steven Wright, de Boston, e fiquei lisonjeado. Aprendi com ele a importância de ser diferente no início da carreira. Steven não foi apenas um dos meus comediantes favoritos quando criança, ele também teve uma ascensão inspiradora nos negócios, construída com um poderoso arsenal de piadas curtas:

- "Você não pode ter tudo. Onde você colocaria?"
- "Já escrevi vários livros infantis... Não de propósito."
- "Passei uma noite acordado jogando pôquer com cartas de tarô. Fiz um *full house* e quatro pessoas morreram."

Steven começou sua carreira durante o boom da comédia em Boston. Clubes surgiam em todos os lugares, todos os shows esgotavam e as pessoas abarrotavam o negócio.

A cena foi preenchida por um bando de imbecis de Boston que se achavam os reis porque arrasavam com material ofensivo na frente de um público bêbado e baderneiro. Steven era diferente. Ele parecia incomum, falava de forma ainda mais incomum e era tão racional quanto estranho. Um pária.

Certo dia, o booker de Johnny Carson apareceu na cidade e todos os imbecis se apresentaram para ele. Naquela época, se você fosse escolhido para se apresentar no programa de Carson, tinha uma carreira. Se fosse convidado para o sofá do programa após se apresentar, tinha uma grande carreira.

Era a grande oportunidade. Para a surpresa dos imbecis, não apenas Steven Wright estava no showcase, como também foi o único escolhido para o programa de Carson. O booker nunca tinha visto ninguém como Wright, e aconteceu algo inédito — ele foi convidado a voltar ao programa apenas cinco dias depois.

Wright era novo — e diferente. Logo depois, ele se tornou um dos maiores comediantes de sua geração.

IDENTIFIQUE A REGRA. QUEBRE A REGRA.

Os comediantes são como os antropólogos, com três exceções. Primeiro, eles escrevem piadas em vez de artigos revisados por pares. Segundo, vivem dentro da cultura que observam. Terceiro, tentam dormir com as pessoas que estão estudando.

No entanto, tanto comediantes quanto antropólogos buscam a verdade. A capacidade de observar e dissecar os comportamentos culturais é uma dádiva.

Os comediantes são capazes de sacar as coisas e ter novos insights sobre sua própria cultura porque, embora vivam nela, nunca se encaixam. O preço da vida de um comediante — nunca se encaixar perfeitamente — também é uma dádiva.

A popularidade de Chris Rock com o público negro e branco decorre de seu entendimento de ambos os mundos, em grande parte porque ele nunca se sentiu muito confortável em nenhum dos dois. Rock brinca que a região do Brooklyn onde cresceu era tão ruim, que o McDonald's fechou as portas. Porém, ele era muito nerd para se encaixar ali, sendo transferido para uma escola de brancos, onde também se sentia um estranho.

Os comediantes habitam o que é chamado de "liminaridade". John Wenzel, um jornalista que escreve sobre comédia, me explicou: "Os comediantes trabalham com a liminaridade, o que lhes dá poder."

Um espaço liminar pode ser físico — uma transição de um lugar para outro (portas, por exemplo, são liminares). Um espaço liminar também pode ser psicológico, como o *mindset* de uma pessoa em uma transição de vida. Se você está se formando na faculdade, está em um espaço liminar. Você não é mais um estudante, mas não é um profissional. Noivo. Grávida. Recém-aposentado. E assim por diante. As cerimônias são frequentemente associadas à liminaridade (se ainda não era uma palavra conhecida, agora é).[1]

Em um contexto psicológico, espaço liminar se refere à temporariedade do que você está passando. Como não está enraizado em nada familiar, você experimenta uma mudança de perspectiva e identidade.

Comediantes *habitam* espaços liminares, pois nunca pertencem totalmente. Isso permite que eles se dissociem do mundo ao seu redor para observá-lo.

---

1 Desde que aprenderam o conceito, meus alunos me dizem que seu dever de casa está em um espaço liminar.

Um *mindset* liminar também ajuda os comediantes a abandonar *ideias*. Isso possibilita que eles criem novidades ao avançar constantemente, tanto desafiando a si mesmos quanto escapando da competição.

PEIXE FORA D'ÁGUA

Há uma rica história de comediantes observacionais que fazem piadas sobre como as coisas são: o mundo esquisito, estranho, ridículo e exasperante diante de nossos próprios olhos. Mas nós não o vemos. Precisamos de comédia para enxergá-lo.

Jerry Seinfeld, comediante observacional por excelência, diz que os comediantes não são humanos, mas também não são alienígenas. Eles são humanoides. Próximos o bastante para se encaixar, mas diferentes o suficiente para fazer observações objetivas.

Por exemplo, considere o comentário de Seinfeld sobre cães e seus donos:

> No meu quarteirão, muitas pessoas levam seus cachorros para passear. E eu sempre as vejo caminhando com seus pequenos sacos de cocô, o que para mim é apenas a pior função da vida humana. Se os alienígenas estiverem observando através de telescópios, vão pensar que os cães são os líderes. Se você vir duas formas de vida, sendo que uma delas faz cocô e a outra carrega o cocô, quem você presumiria que está no comando?

Seinfeld é o exemplar do antropólogo, do comediante como humanoide. Os grandes comediantes não só tendem a não se encaixar na cultura ao seu redor; eles têm a intenção de não fazê-lo.

Sebastian Maniscalco é outro comediante observacional que está em ascensão. Ele é um Seinfeld moderno, com piadas sobre check-ins em aeroportos, compras e sua avó morando no porão. Por exemplo:

> Eu estava sentado em minha casa algumas semanas atrás, apenas relaxando. Minha campainha tocou. Isso é estranho. Hoje é uma sensação diferente da de vinte anos atrás, não é? Há vinte anos, a campainha tocava e era um momento feliz em sua casa. Chamava-se "companhia". Você estava lá sentado, em uma noite de quinta-feira, assistindo à TV. Sua campainha tocava. Toda a família pulava do sofá. "Ah, meu Deus! Acenda as luzes! Alguém chegou! Temos visitas!"
>
> A família inteira ia até a porta. Como as crianças estavam de meias, elas deslizavam até a porta. Ninguém olhava para ver quem era. Você abria a porta e dizia: "Ah, meu Deus! Olhe só. Olhe quem está aqui." E você perguntava: "O que diabos está fazendo aqui?" E a pessoa respondia: "Eu estava na vizinhança. Pensei em dar uma passada para ver como as crianças estão." Você dizia: "Ah! Entre! Vamos comer um pedaço de bolo."

> Mas, agora, se sua campainha toca, provoca uma sensação de "Que porra é essa?"
>
> "Abaixe-se, mãe! Rasteje! Entre no armário! Vá buscar a espada na sala de estar! Alguém pegue a espada debaixo do sofá da sala! Há uma espada lá."

O que diferencia Maniscalco de outros comediantes observacionais é o alto nível de fisicalidade que ele leva ao palco. Ele está bem-vestido, mas atua energicamente — pula do sofá, desliza até a porta como se estivesse usando meias e imita a mãe rastejando.[2]

É preciso uma perspectiva externa para ver o absurdo em que a maioria está imersa, e sem questionar. Por exemplo, qual você diria que é a palavra mais complicada? Segundo Ismo, um comediante finlandês, é "bunda":

> Existem tantos significados para a palavra "bunda"! Acho que é a palavra mais complicada. Tenho tentado escrever um dicionário inteiro sobre bunda. Por exemplo, um "bunda-mole". Isso significa "covarde". Tipo "Meu marido é um bunda-mole". Se tirar "bunda", significa a mesma coisa... E nascer com a bunda virada para a lua significa

2 Uma observação: tenho um exemplo de por que Sebastian Maniscalco é um comediante, e eu não. Ele tem uma piada sobre homens que usam chinelos de dedo: "Quando se tornou apropriado sair com chinelos de dedo para um jantar? Estou tentando degustar um T-Bone e sou obrigado a olhar os cascos de um cara." De forma isolada, fiz uma observação semelhante. Certa vez, tuitei com orgulho: "Quando um homem de meia-idade usa chinelos de dedo, ele escolhe seu próprio conforto em vez do conforto dos outros." Você, caro leitor, pode decidir qual é mais engraçada. Mas ainda tenho orgulho da minha.

ter sorte na vida. Definitivamente, minha favorita é "tomar um pé na bunda". Acontece que a pessoa te chuta completamente, e não apenas na bunda.

É muito melhor no palco. Confira o vídeo no meu canal, no YouTube.

TRUQUE DO SHANE

Eu viajo em tempo integral. Normalmente, três cidades por semana. Janto fora sozinho quase todas as noites e raramente converso com alguém. Para uma pessoa comum, isso parece solitário.

É uma das minhas coisas favoritas na vida.

Por quê? Posso observar as pessoas. Posso ouvi-las.

A pessoa comum pensa que ser um observador é uma aventura voyeurística para espionar os segredos mais profundos e obscuros dos outros. Não é. É enfadonho. A maioria das pessoas é entediante na maior parte do tempo, e os assuntos da hora do jantar seguem o mesmo caminho... à primeira vista.

Mas aqueles com uma visão externa, como os comediantes, podem ver abaixo da superfície. Eles percebem os segredos subjacentes — sintomas da condição humana que vêm à tona incessantemente.

Posso observar um grupo e saber se as pessoas são parentes ou se estão em uma reunião de negócios. Se for uma família, identifico o relacionamento entre eles e há quanto tempo se encontraram pela última vez. Se for uma reunião de negócios, posso identificar o nível hierárquico de todos. Sei quando um casal é um caso de uma noite ou um longo relacionamento que esfriou.

As palavras que as pessoas dizem raramente são o que de fato estão dizendo. Demora muito tempo para perceber isso. E o que isso revela é um novo ponto de vista. É exatamente por esse motivo que a piada observacional de um comediante sobre uma situação muito comum é engraçada. Eles assumem uma nova perspectiva do que todo mundo já viu mil vezes. Comediantes são antropólogos alienígenas.

TERMÔMETRO OU TERMOSTATO

A maior parte do poder de um comediante está na observação — sua capacidade de medir a temperatura de um indivíduo, de um ambiente ou até de uma cultura inteira. Ele age como um termômetro, medindo o que está acontecendo e divulgando isso aos outros.

Doug Stanhope, que você conhecerá no Capítulo 3, é um cáustico comediante de *stand-up* que fez um comentário que identifica o quanto a comédia salienta as coisas, mas não provoca a mudança:

> Já disse, não me importo mais. Eu costumava ter algum tipo de relevância social na minha performance e houve um momento em que realmente me importei com as coisas, a ponto de arruinar minha vida. E acho que há dez anos pensei: "Bem, vou mudar o mundo"...

> Mas essa coisa toda de mudar o mundo nunca realmente surtiu efeito.
>
> A revolução estava começando quando pensei que poderia gritar com duzentas pessoas em um bar todas as noites e mudar o mundo. Sim, não aconteceu exatamente como o Egito e a Síria. Não. E é frustrante, pois você faz uma apresentação e depois pensa: "Ah, isso foi muito bom"... E então parece que o problema ainda existe e alguém vai dizer: "Ah, o aborto voltou ao noticiário", e você pensa: "Por quê? Já resolvi isso em 2004. Como poderia existir ainda? Gritei com milhares de bêbados sobre isso."

Com base no tempo que passei com comediantes, não estou surpreso que as tiradas de Stanhope não tenham desencadeado ondas de mudança. A maioria dos comediantes escolherá o riso em vez de mudar o mundo. Mas, às vezes, há um comediante cujas observações fazem mais do que apenas medir a temperatura — elas *mudam* a temperatura. É uma alteração de termômetro para termostato.

Um dos primeiros exemplos de comédia termostato é Lenny Bruce. Ele foi preso várias vezes no início dos anos 1960 por ato obsceno — especificamente por dizer uma expressão que rima com "chupa tênis". Esse tipo de acusação costumava ser retirado, mas Bruce foi a julgamento, tendo sido condenado em 1964, com Howard Solomon, o dono do clube. Lenny Bruce recebeu indulto póstumo. Seu compromisso com a liberdade de expressão ajudou a abrandar a lei de ato obsceno. George Carlin continuou a luta de

Bruce, com a apresentação *Seven Dirty Words You Can't Say on Television.*

Outro comediante que mudou radicalmente a temperatura foi Hannibal Buress. Ele começou a fazer comédia em 2002 como comediante *stand-up* e roteirista; você deve ter visto Buress interpretando a si mesmo em *The Eric Andre Show.*

Hannibal Buress tem uma piada do tipo "falhas em recursos", sobre como seu nome prejudica sua vida amorosa — muitas parceiras em potencial lembram de Hannibal Lecter, o vilão de *O Silêncio dos Inocentes.* Não é um nome que você queira gritar no momento do clímax.

Ele trabalhou como roteirista para o *SNL* por alguns anos, mas saiu depois de apenas um dos seus esquetes ir ao ar. Ninguém estava gritando seu nome na redação...

Em 2014, Buress subiu ao palco e falou sobre como estava irritado com a presunção de Bill Cosby, que dizia a jovens negros para "agir como adultos":

> "Eu (Bill Cosby) posso rebaixar você, porque tive um *sitcom* de sucesso". Sim, mas você estupra mulheres, Bill Cosby, então baixe a bola.
>
> "Não xingo no palco!", mas você é um estuprador, então...
>
> Essa parada é perturbadora. Se você não sabia, confie em mim. Quando sair daqui, procure no Google: "'estupro

> Bill Cosby". Não é engraçado. Essa porcaria tem mais resultados do que Hannibal Buress.

Outros comediantes — Tina Fey, Amy Poehler, Tracy Morgan — referiram-se às acusações ao longo do ano. Buress estava fazendo a apresentação há cerca de seis meses. Então, em 2014, a *Philadelphia Magazine* postou um vídeo de baixa qualidade da piada, e as coisas — como os jovens costumavam dizer — pegaram fogo.

A coragem de Buress em criticar a hipocrisia de Cosby, questionando abertamente por que nada havia sido feito sobre esse segredo escancarado, foi um catalisador para as vítimas de Cosby se pronunciarem. A piada despertou consciência e impulsionou uma investigação.

Isso é um termostato.

IDENTIFICANDO UMA OPORTUNIDADE

Deixando de lado a comédia, acredito que as empresas podem aprender uma lição valiosa ao imitar os humanoides e a maneira como eles veem o mundo.

Às vezes, as melhores inovações são tão simples e óbvias, que as pessoas se perguntam por que alguém não as concretizou antes. O sucesso empresarial geralmente provém de uma habilidade extraordinária de ver o mundo de maneira diferente — muito bem-aprimorada pelos comediantes.

Após identificar a lacuna entre ter e precisar, você pode fazer escolhas corajosas para fazer acontecer.

Closet na nuvem

Enquanto eram colegas de classe na Harvard Business School, Jennifer Hyman e Jennifer Fleiss se encontravam regularmente para almoçar e discutir negócios.

Na época, a economia de plataforma estava em alta.

Muitas empresas de sucesso simplesmente conectam consumidores a soluções: Task Rabbit, Lyft e, claro, Tinder, Bumble, OkCupid, Grindr etc. Seja um intermediário e receba uma parte.

A ideia do empreendimento de Hyman e Fleiss surgiu quando a irmã de Hyman, Becky, comprou um vestido que custou mais do que seu aluguel. Por quê? Ela *precisava* daquele vestido.

Acontece que muitas mulheres tinham uma solução alternativa para um vestido especial em uma ocasião especial — e para evitar dívidas de cartão de crédito. Elas compravam um vestido caro em uma loja de departamentos chique, como a Neiman Marcus, a Saks 5th Avenue ou a Nordstrom, deixavam as etiquetas, colocavam-nas para dentro, usavam a roupa e rezavam aos deuses da festa para que não derramassem vinho tinto. Então, após o evento, o devolviam à loja. A prática foi chamada de "wardrobing".

Hyman e Fleiss acreditavam que, se as mulheres tivessem uma alternativa razoável, poderiam agir com mais integridade. Assim, as parceiras criaram o Rent the Runway, um e-commerce que permite às clientes emprestar vestidos da moda por cerca de vinte por cento do preço de varejo. O vestido é alugado, usado, devolvido, lavado a seco e disponibilizado para outras clientes.

Ao iluminar as sombras — pessoas que compram e devolvem itens de luxo —, Hyman e Fleiss chegaram a uma solução fora do *mainstream*, na qual todos ganham. No dia do lançamento, o *New York Times* publicou um artigo sobre o Rent the Runway, e cem mil novas clientes se inscreveram para o serviço. As fundadoras cumpriram sua meta de vendas do primeiro ano em três semanas.

Sonhos concretos

No México, casas de concreto são a norma. Além de ser uma combinação ideal para o clima quente, o concreto é relativamente barato e demanda apenas um "faça você mesmo". Um anexo é uma ótima opção para famílias que precisam de espaço extra.

Ainda assim, a maioria das famílias de baixa renda vive em casas pequenas e superlotadas, apesar de ter seu terreno e contar com materiais de construção acessíveis. Elas abdicam do anexo muito necessário à sua casa.

O motivo? Uma cultura generosa e comemorativa.

Em vez de usar dinheiro extra para construir um anexo, as famílias mexicanas são mais propensas a usá-lo para presentes e celebrações — de casamentos a batismos e quinceañeras (festas de quinze anos). Assim, aquelas que precisam de espaço extra para prosperar ficam presas em um ciclo do qual não podem e não vão se libertar. As que constroem um anexo geralmente levam sete longos anos para finalizá-lo.

A cultura é algo difícil de mudar.

Nesse ponto, entra em cena a mexicana Cemex, que comercializa cimento e concreto.[3] Em vez de combater a cultura de adiar reformas para presentear outras pessoas, ela entrelaçou seu produto à cultura existente, tornando-o mais disponível para quem precisa. Como a empresa fez isso?

Ela criou um programa que permitia às famílias contribuir para um fundo que ajudava outras pessoas a comprar materiais de construção para suas casas.

O programa *Patrimonio Hoy* é baseado na prática cultural existente chamada *tanda* — um grupo que junta uma parte dos fundos e depois dá o "prêmio" a um membro de cada vez. O dinheiro é coletado regularmente, até que cada pessoa do grupo tenha sua vez de ganhar.

---

3 Existe uma diferença entre concreto e cimento. O cimento é um ingrediente do concreto. Leve essa informação para sua próxima conversa em um coquetel.

As famílias participantes podem economizar para os materiais de construção dos seus próprios anexos e, ao mesmo tempo, ajudar os outros. A função de economizar para um anexo muda de uma escolha prática para uma emocional — que atende às necessidades culturais das pessoas.

Ao identificar esse status quo, a Cemex conseguiu alinhá-lo e alavancá-lo para o bem geral. E os negócios continuam a crescer.

Um acordo crocante

Meus alunos de MBA, muitos dos quais já ocupam cargos executivos, costumam me perguntar: "O que devo fazer quando X acontecer?" ou "Como faço para lidar com o desafio Y?" Eles ficam desapontados quando respondo que não vou lhes dizer o que fazer, mas sim como abordar o problema. Encontre o insight.

"Encontre o insight!", grito para a classe. Na verdade, não grito, mas você entendeu.

A TurboChef é um exemplo de empresa que precisava de um insight. Eles vendem um forno de convecção — uma tecnologia magnífica — que aquece a comida rapidamente. É como um micro-ondas, mas sem a umidade. Porém, por 4 mil dólares a unidade, o forno era caro demais para ser vendido a pessoas comuns.

A TurboChef tinha que encontrar um cliente diferente — que precisasse de uma forma melhor de aquecer os produtos, mas que também pudesse pagar por um forno tão caro. Em 2004, eles encontraram: o Subway.

Na época, o Subway enfrentava a concorrência do Quiznos. Com suas opções deliciosas de pimenta, o Quiznos aquecia seu sanduíche até que ficasse saborosamente crocante.

O problema com o plano da TurboChef era convencer o Subway a pagar 80 milhões de dólares para colocar o forno em todas as lojas — especialmente se o custo fosse repassado para os franqueados.

Embora parecesse que a opção de queijo derretido e carne quente nunca se concretizaria, a visão fora do *mainstream* da empresa de fornos acarretou uma vitória tripla.

Na época, a Pepsi detinha o contrato de bebidas para todas as franquias do Subway. (Percebe em que isso vai dar?) A TurboChef abordou a Coca-Cola com uma ideia: e se *a empresa de refrigerantes* comprasse os fornos e, em troca, o Subway mudasse o contrato de bebidas da Pepsi para a Coca?

Em vez de travar uma batalha árdua, potencialmente invencível, abordando diretamente o Subway, a TurboChef assumiu uma nova perspectiva e identificou as possibilidades. Todo mundo ficou em uma situação melhor.

Bem, exceto a Pepsi.[4]

ARRISCANDO

Ao conseguir identificar as regras, você está mais perto de sair do *mainstream*. No entanto, para realmente chegar lá — quebrar as regras —, você deve estar disposto a arriscar.

Como humanos, estamos programados para evitar riscos: comportar-nos, seguir regras e nos dar bem com os outros. Isso remonta aos nossos dias de caçadores-coletores, quando vivíamos em comunidades muito pequenas e era essencial nos adaptarmos. Se você não se encaixasse, ficaria para trás. E, se fosse deixado para trás, morreria de fome.

A vida era mais simples naquela época.

Hoje em dia, se você for deixado para trás, há custos: tempo e dinheiro baixando o Uber Eats e dando gorjeta ao entregador.

No entanto, nossos instintos tribais nos dizem para *nos darmos bem, senão...* É emocionalmente doloroso ser deixado para trás, e isso nos impede de arriscar.

Felizmente, há um segmento da tribo que não é tão avesso ao risco. Eles são os esquisitos que conferem se uma fruta estranha é comestível. Os loucos que rastreiam animais até

---

4 Dito isso, estou disposto a beber Pepsi para financiar meu próximo projeto de livro *Truques da Aposentadoria: Ensinamentos dos Mestres da Comédia sobre Férias no Caribe, Dormir em Redes e Curar Ressacas.*

as terras selvagens. Os doidos que, em vez de ficar apavorados, são realmente atraídos pela ideia de conhecer um novo grupo. Essas são as pessoas que ajudam sua tribo a descobrir novos alimentos, novos territórios e novas ideias. Às vezes, isso leva à guerra. Mas, veja só, às vezes dá certo.

Há uma razão pela qual os melhores alunos da turma raramente têm um sucesso proporcional nos negócios. Embora inteligentes e esforçados, sua disposição para seguir as regras (e o caminho *seguro* para o sucesso modesto) os faz sentar na frente, se destacando em testes padronizados, pingando cada i e cruzando cada t.

Os palhaços da turma se comportam mal. Eles não se adaptam a ambientes altamente estruturados e não têm medo de decepcionar o professor, pois têm prioridades diferentes. Não estão buscando o *seguro*, mas sim o *próximo grande sucesso*. Quando necessário, vão *criar* e *se tornar* o próximo grande sucesso.

A grande comédia e os grandes negócios adotam a abordagem do palhaço da turma ao identificar intencionalmente as regras que podem ser quebradas. E, então, eles saem do *mainstream* para quebrá-las.

Essa ousadia traz grande risco, mas também grandes recompensas.

À SUA MANEIRA

Os comediantes não gostam de seguir ordens. E também não se preocupam muito com sua reputação. Isso permite que sejam altamente criativos e assumam riscos. Não preciso dizer isso. Tenho certeza de que você conhece histórias sobre seus comediantes ou programas de comédia favoritos que poderia me contar. Apresentarei três de que gosto.

Ambiguamente audacioso

O mundo da comédia *stand-up* é cruel. Tornar-se bom requer sofrimento noturno em uma variedade de microfones abertos. No microfone aberto comum, você chega ao local e coloca seu nome na lista, então espera pacientemente pela sua vez, forçado a ouvir vários outros comediantes contarem piadas verdadeiramente terríveis, até que tenha a chance de subir ao palco por três minutos para contar suas piadas verdadeiramente terríveis. O ideal é se apresentar o máximo possível em uma única noite.

Como um jovem comediante, Eric Marlon Bishop disputava essa chance. Ele chegava ao local e colocava seu nome na lista. Se você já assistiu a um desses microfones abertos, sabe que a maioria dos comediantes é jovem (especialmente quando Bishop estava começando). Em geral, como os *bookers* que organizavam esses eventos queriam uma programação mais variada do que cara após cara, eles colocavam os nomes das poucas mulheres no topo da lista para se apresentarem antes.

Um dia, ao se inscrever, Bishop teve uma ideia perversa. Em vez de escrever *seu* nome na lista, colocou um que parecia de mulher. Na verdade, anotou vários nomes que pareciam de mulher: Tracey Brown, Stacey Green e...

Jamie Foxx.

Adivinhe qual nome foi chamado primeiro? O resto, como dizem, é história.

Saturday Night: mata-mata

Participar do *Saturday Night Live* é notoriamente difícil. Lorne Michaels, produtor e cocriador, torna o processo desafiador, até mesmo intimidante. Nos 45 anos de história do programa, apenas dois membros do elenco — Kristen Wiig e Dana Carvey — foram ao ar imediatamente.

Para entrar no *SNL*, os comediantes estão dispostos a arriscar.

Como um jovem comediante, todos os dias Eddie Murphy ligava para o coordenador de talentos Neil Levy e implorava por uma chance — dizendo que tinha dezoito irmãos que dependiam dele. Para fazê-lo parar, Levy concordou em colocá-lo como figurante. Mas, depois que a equipe do programa viu sua audição, Murphy foi contratado como membro do elenco. Obs.: ele tem dois irmãos.[5]

5 Um deles é Charlie Murphy, conhecido por seu hilariante *True Hollywood Stories* no *Chappelle's Show*. Descanse em paz, Charlie.

Victoria Jackson fez o teste para o *SNL*, mas Michaels não achava que ela estava à altura. Então a comediante decidiu aumentar suas chances usando uma participação no *Tonight Show with Johnny Carson* para impressionar Michaels. Victoria contou sua intenção ao público e começou a fazer uma variedade de imitações (o que é típico das audições do *SNL*), desafiando Carson a adivinhar cada uma. Isso selou o acordo, e ela integrou o elenco de 1986 a 1992.

Will Ferrell se acovardou em sua tentativa desenfreada de entrar no programa, mas a história ainda vale a pena. Ele teve uma reunião com Michaels antes de sua segunda audição. O plano era levar uma pasta com 25 mil dólares em notas falsas. Ferrell iria colocá-la na mesa, dizer "O dinheiro fala mais alto" e sair pela porta. No entanto, a reunião foi muito tensa. Ele amarelou e se sentiu um tolo por carregar uma pasta para um teste.

Parte Bruce Lee. Parte Buster Keaton

Bruce Lee é um genuíno fodão.

Ele liderou não apenas a prática das artes marciais ao criar o Jeet Kune Do, mas mudou drasticamente a maneira como os asiáticos eram apresentados no cinema norte-americano, desmistificando o estereótipo do asiático fraco. Suas contribuições para o cinema e as artes marciais se tornaram o novo padrão para as estrelas de ação dos dias modernos.

Agora, a maioria dos atores de ação "fodões", como Jason Statham e Dwayne "The Rock" Johnson, têm limitações contratuais para quantas vezes levam socos e chutes na câmera (ou seja, têm que proteger sua marca). Eles querem ter certeza de que estão distribuindo a pancadaria, e não levando uma surra.

Porém, um artista marcial que virou ator decidiu adotar uma abordagem diferente. Uma abordagem mais arriscada. Ele decidiu sofrer todos os golpes. E os chutes. E as quedas. E as pancadas na virilha.

Jackie Chan é um novo tipo de fodão.

Chan percebeu que nunca ofuscaria Bruce Lee como lutador. Então, em vez de ser como Lee — um artista marcial sério —, ele decidiu se tornar um artista marcial nada sério. Essa é a sua marca.

Em vez de limitar o número de golpes que levava, ele procurou maximizá-los: socos, chutes, arremessos, quedas, esmagamento, espancamento e surra — geralmente para efeito cômico. Essa escolha intencional o ajudou a encontrar seu meio-termo ideal no mercado.

Em 2019, aos 65 anos, Chan era o quinto ator mais bem-pago da lista da Forbes. Ele já participou de mais de 150 filmes.

E Jackie Chan faz suas próprias cenas de ação, o que, convenhamos, o torna mais engraçado e mais durão do que Statham e The Rock juntos.

TRUQUE DO SHANE

Tenho nadado contra a corrente desde que era criança na zona rural de Wisconsin. Por exemplo, os adultos em minha vida me disseram que eu deveria me preocupar com três coisas: Deus, os Green Bay Packers e os Green Bay Packers.

Não sei o que era mais confuso para mim: um homem branco nas nuvens ou alguns borrões verdes movendo-se em um campo gelado. Sendo o pirralho que Deus me fez ser, um dia decidi que torceria por qualquer time que jogasse contra os Packers.

Eu tinha seis anos.

Os adultos ficavam completamente furiosos comigo, uma criança, pois não conseguiam perceber que uma criança estava zoando com eles. Achava isso hilário... Cada cuecão valeu a pena. Fiquei fascinado e tenho irritado as pessoas desde então.

No colégio, usei propositalmente uma jaqueta do San Francisco 49ers, porque era um dos times que os moradores de Wisconsin mais odiavam, o que significava que eu estava implorando para levar uma surra. Em retrospecto, para completar, eu deveria ter usado um boné do Minnesota Vikings.

NEGÓCIO ARRISCADO

A própria natureza das altas taxas de fracasso nos negócios sugere que é preciso arriscar mais, não menos. Os negócios exigem riscos — calculados, mas ainda assim riscos.

A capacidade de não apenas ver o que é diferente, mas agir de acordo, é o que traz aos comediantes e às empresas sua inovação. Quase toda história de sucesso empresarial envolve um pouco de sorte, mas também costuma envolver alguém que faz algo que "não deveria": arriscar.

Aposta de sorte

Apresento um estudo de caso da Federal Express para meus alunos de MBA. A FedEx, como a conhecemos hoje, foi construída com base em uma ideia brilhante: não trate os pacotes como pessoas. Por exemplo, os pacotes não ligam para voos noturnos (ou seja, a FedEx envia pacotes durante a noite), não se importam com conexões (ou seja, a FedEx usa um "hub-and-spoke", com Memphis sendo o hub) e não têm acessos de raiva quando o voo atrasa.

O estudo de caso é uma ótima ferramenta de aprendizado, mas difícil de ensinar. Primeiro, ele exige muita matemática, e os alunos não percebem o quanto a matemática é importante para os profissionais de marketing. Além disso, ele se passa na década de 1970; portanto, também parece "velho" para os alunos. O que o torna realmente difícil de ensinar é o fato de que, em retrospecto, o sucesso do transporte noturno parece muito óbvio. Os alunos sabem a que conclusão devem chegar. A FedEx parece destinada ao sucesso. Mesmo assim, os estudos de caso das faculdades de negócios costumam ignorar a importância da sorte.

Na verdade, a FedEx estava prestes a falir não porque o negócio não fosse uma boa ideia, mas porque (diga comigo) *os negócios são difíceis.* No início, Fred Smith, o fundador, contava com seus últimos cinco mil dólares e não tinha fundos suficientes para pagar o combustível necessário para os envios seguintes (o equivalente a 31 mil dólares hoje). Isso depois de todos os outros centavos serem economizados — desde salários atrasados até funcionários que usavam seus cartões de crédito pessoais para pagar o combustível.

Então, Fred Smith fez a única coisa em que conseguiu pensar: foi para Las Vegas. Lá, ele ganhou na mesa de blackjack e transformou os últimos cinco mil dólares da empresa em 27 mil dólares, o suficiente para mantê-la em atividade por mais uma semana.

O ponto aqui é que mesmo as ideias mais brilhantes podem exigir que você leve uma pasta cheia de dinheiro (real) para Las Vegas.

Alugue um guru

Jennifer Hyman e Jennifer Fleiss sabiam que tinham um novo conceito de negócio com o Rent the Runway.

No entanto, uma dificuldade de um negócio de plataforma é o fato de que os dois lados do mercado precisam ser preenchidos. A TaskRabbit entrará em falência se não conseguir encontrar clientes para solicitar tarefas ou "coelhos" para executá-las. No caso do Rent the Runway, inicialmente os estilistas não ficaram tão entusiasmados com a ideia. Mesmo assim, o site precisava de vestidos de grife.

Hyman e Fleiss enviaram um *cold e-mail* para a estilista (e ícone) Diane von Furstenberg e receberam uma resposta "Sim, vejo vocês amanhã". As cofundadoras dirigiram até Boston no dia seguinte usando seus vestidos DVF. A reunião de cinco minutos se estendeu por bem mais de uma hora.

Elas marcaram uma segunda reunião, mas, no caminho, a assistente de von Furstenberg ligou para informar que a reunião havia sido cancelada porque, basicamente, "ela não está mais interessada na ideia".

Hyman informou que estavam "bem perto" e que poderiam passar para dar um oi. Antes que a assistente pudesse dizer novamente (com ainda mais firmeza) que von Furstenberg não estava interessada, Hyman disse: "A ligação está cortando. Alô? Está cortando!", e desligou.

As cofundadoras decidiram aparecer mesmo assim. Ainda que a segurança as expulsasse, elas teriam uma ótima história para contar aos amigos.

Eles aceleraram pela rodovia, foram até o escritório de von Furstenberg e não foram expulsas. A reunião, que não era para acontecer, tomou um novo rumo: von Furstenberg compartilhou um valioso insight do mercado de negócios, bem como conexões com outros estilistas.

Essa estratégia funciona bem — pelo menos até que seu chefe compre um novo celular para você.

Peça perdão

Quantos vendedores ambulantes de máquinas de fax acabam se tornando bilionários?

Eu conheço um.

Em seus dias de vendedora, Sara Blakely tinha um belo par de calças brancas que marcavam sua calcinha. A solução foi cortar os pés de sua meia-calça "control top" para suavizar o visual. Problema resolvido.

Acontece que esse era um problema vivido por inúmeras outras mulheres. Blakely começou a produzir uma roupa íntima que comprime e nivela o bumbum e as coxas. Uma ótima ideia. Mas grandes ideias não são garantia de sucesso. Para se tornar uma bilionária, ela teve que correr riscos.

Blakely chamou o produto de "Spanx". Ousado e divertido de pronunciar. Passo 1.[6]

Na época, as embalagens de meia-calça eram monótonas. Como queria que as pessoas ficassem *animadas* com a compra, Blakely fez a embalagem em um vermelho vivo, com uma ilustração de três mulheres elegantes de diferentes etnias. Passo 2.

No lançamento, ela pediu aos amigos e familiares que comprassem o produto assim que chegasse às lojas, e os reembolsou. Ligou para todos que conhecia nas cidades onde o produto seria lançado. Mesmo amigos com quem ela não falava desde a quarta série. Passo 3.

Blakely conseguiu que o produto fosse vendido na Neiman Marcus, mas ele foi colocado no departamento de meias, uma parte da loja que ela sabia que seu público-alvo não visitaria. Para garantir que o Spanx fosse notado, ela se esgueirou pela loja, esperou até que ninguém estivesse olhando e colocou o mostrador perto das caixas registradoras. Felizmente, os funcionários presumiram que a decisão havia sido aprovada por alguns superiores. As vendas dispararam. Passo 4.

Blakely nunca confiou na publicidade tradicional ou fez investimentos. Como resultado, ela é a única proprietária da empresa. Passo 5.

---

6 Muitos comediantes acreditam que os sons "K" são mais engraçados. Blakely usou essa crença ao nomear o Spanx.

Não é de surpreender que, no início de sua carreira, Blakely trabalhou como comediante de *stand-up*.

Até agora, neste capítulo, falei sobre como identificar regras e estar disposto a correr o risco de quebrá-las. Mas há outra maneira de *sair do mainstream*, uma inversão da quebra de regras: fazer regras.

POTENCIALIZANDO LIMITES

A liberdade é um grito de guerra comum para um guerreiro escocês do século XIII, mas a grande comédia se baseia na falta de liberdade. Mesmo que os comediantes quebrem as regras regularmente, eles também as usam para ser mais criativos. Na verdade, quanto maiores são as restrições, maior é a criatividade, muitas vezes.

O modelo de processo criativo mais comumente aceito é o "Geneplore", criado por Finke, Ward e Smith (cientistas — não um escritório de advocacia).[7] Foi assim que denominaram o modelo. Isso que é escolher um nome cedo demais.[8]

Como o nome sugere, o processo criativo tem dois estágios: 1) Gerar: no qual as opções são desenvolvidas e 2) Explorar: no qual as opções são fundamentadas e avaliadas. O modelo é eficaz para entender oportunidades e ameaças à criati-

---

7 Finke, R., Ward, TB, & Smith, SM (1992). *Creative Cognition: Theory, Research, and Applications*. MIT Press.

8 Shane é de Wisconsin, e me disse que existe um nome pior. *Cheese curds* [coalho de queijo frito]. Ele falou que é bem gostoso. Obviamente, ninguém quer experimentar algo com esse nome, então teremos que acreditar nele.

vidade. Por exemplo, ter medo de reações adversas durante a parte "explorar" do processo pode levar as pessoas a se conterem e a não sugerirem uma ideia potencialmente útil.

Um estudo realizado por Page Moreau e Darren Dahl, pesquisadores de comportamento do consumidor, demonstra o valor das restrições.[9] Ele revela experimentalmente quando as restrições tornam as pessoas mais criativas. Os participantes foram solicitados a projetar um brinquedo infantil a partir de uma variedade de formas: cilindro, pirâmide, cubo, gancho etc. Havia vinte formas disponíveis. Moreau e Dahl designaram aleatoriamente os participantes para uma das quatro condições, com graus crescentes de restrição:

1. Escolha cinco formas e use quantas quiser.
2. Aqui estão cinco formas (selecionadas aleatoriamente entre as vinte), e você pode usar quantas quiser.
3. Escolha cinco formas e use as cinco.
4. Aqui estão cinco formas (selecionadas aleatoriamente entre as vinte) e você deve usar as cinco.

Depois que os participantes terminaram, três profissionais de design avaliaram o nível de criatividade dos brinquedos. Verificou-se que os mais criativos eram aqueles feitos sob a condição final, que tinha a maior restrição.

---

9 Moreau, CP & Dahl, D. (2005). Designing the solution: The impact of constraints on consumers' creativity, *Journal of Consumer Research*, 32, 13-22.

Essa é uma boa notícia. Em vez de tentar eliminar as restrições (o que muitas vezes achamos que devemos fazer para estimular a criatividade), você deve acolhê-las. A partir disso, você pode chegar a melhores ideias para resolver problemas.

Vejamos algumas maneiras específicas pelas quais os comediantes potencializam as restrições.

NÃO DIGA ISSO

Opinião impopular: a censura é boa. Mais de uma vez, a limitação da linguagem abriu caminho para carreiras brilhantes na comédia.

Linguagem severa

Howard Stern é conhecido por criticar a Comissão Federal de Comunicações (FCC, na sigla em inglês), mas as tentativas de limitar seu discurso "indecente" impulsionaram a carreira de Stern. Suas batalhas contra a censura ajudaram a colocá-lo no principal programa de rádio do mercado norte-americano. As peripécias do humorista com a FCC forneceram um conteúdo polêmico contínuo para (geralmente) ouvintes libertários. A certa altura, a estação implementou um atraso de sete segundos para ajudar a censurar seu conteúdo passível de multa. Mesmo assim, Stern acumulou 2,5 milhões de dólares em multas da FCC ao longo de sua carreira.

Ele passou a se autoproclamar "Rei de Todas as Mídias", e impulsionou o surgimento do rádio via satélite.

Você pode falar livremente

Muito antes de Howard Stern, Mae West teve seu próprio confronto com a FCC. West é mais conhecida por sua carreira como estrela de Hollywood nas décadas de 1920 e 1930, estrelando filmes com sua voz sensual — uma voz que a FCC considerava tão sexy, que tornava as declarações mundanas provocantes.

Antes de se tornar uma estrela de Hollywood e lidar com a censura no cinema, Mae West escreveu peças. Em 1926, redigiu a inovadora e polêmica *Sex*, a qual também produziu e dirigiu. A peça é sobre uma prostituta que quer se casar com um homem rico. Todo o elenco foi preso por "obscenidade e corrupção da moral da juventude". West era o alvo principal — foi considerada culpada e condenada à prisão. Ela poderia ter evitado a prisão ao pagar uma multa, mas queria a publicidade, e acabou indo para a cadeia por uma semana. Foi liberta dois dias antes por bom comportamento, o que mais tarde afirmou ter sido "a primeira vez que conseguiu algo por se comportar bem".

Para contornar a censura, West se tornou a mestre do duplo sentido:

> É bom encontrar um homem duro.

> Quando sou boa, sou ótima. Quando sou má, sou melhor ainda.

A ascensão de West como humorista veio da censura com a qual teve que lidar no rádio, no cinema e na televisão. Ela disse a famosa frase: "Eu acredito em censura; fiz uma fortuna com ela."

Mas a censura não é apenas externa, ela também pode ser autoimposta — uma forma de algumas pessoas criativas saírem do *mainstream*.

RESTRIÇÕES AUTOIMPOSTAS

Imagine desenvolver um produto de grande sucesso. Você o lança, vende bem e então decide parar de vendê-lo — embora ainda crie valor para seus clientes.

Bem-vindo ao mundo da comédia *stand-up*. Após filmar um especial, muitos comediantes aposentam o material e começam do zero. Então, ao longo do ano, eles transformam zero minutos em uma nova hora. Isso diferencia os comediantes dos músicos. Os comediantes não podem fazer covers e não fazem turnês com seus "maiores sucessos", como os Rolling Stones.

Os profissionais estão constantemente impondo suas próprias restrições à comédia, forçando-se a criar um novo material e ultrapassando os limites de sua própria inovação.

Limpíssimo

Alguns comediantes levam sua autocensura mais longe e impõem a restrição de um trabalho *limpo*. Sem palavrões, xingamentos, insultos ou indecências. Seja qual for a opinião deles, os comediantes profissionais concordam que essa é a restrição mais difícil — ainda mais do que a inovação.

As pessoas tendem a pensar que a comédia que desafia os limites é composta de piadas que abordam a maioria dos tabus. No entanto, um trabalho limpo cria um limite que não pode ser cruzado. Os comediantes que fazem bem esse trabalho limpo acabam se tornando alguns dos maiores nomes, por causa de seu grande apelo:

> Vi um anúncio de um remédio que evita dores de cabeça e enxaquecas antes de elas começarem. Isso é um bom marketing ali mesmo.
>
> "Você está com dor?"
>
> "Não, nem um pouco."
>
> "Eu vou te dar algo para isso."
>
> ELLEN DEGENERES[10]

10 Ellen DeGeneres, a rainha do trabalho limpo, falou um palavrão em seu especial da Netflix de 2019, *Relatable*. O arremate da preparação da piada mais longa do mundo.

Meu oftalmologista me disse isso. Eu não estou inventando. Ele falou: "Você sabe que tem um olho um pouco mais alto do que o outro?"

"Não, eu não sabia."

Ele disse: "Não é nada sério. Não afeta sua visão nem nada. Achei que gostaria de ficar desconfortável pelo resto da vida."

BRIAN REGAN

Você sabe como é ter cinco filhos?

Imagine que você está se afogando e alguém lhe entrega um bebê.

JIM GAFFIGAN

Cebola cortada

Enquanto pesquisava para escrever *The Humor Code*, descobri que o jornal satírico *The Onion* depende de uma restrição autoimposta. Ao trabalhar em um novo assunto, os redatores fazem uma reunião na qual apresentam as manchetes e recebem ajuda para aprimorar suas ideias. A principal restrição é a de que um redator não tem permissão para reformular uma manchete. Nunca. Uma vez que uma manchete é descartada, ela nunca mais volta, não importa o quanto o redator goste dela ou quão boas ou ruins as possíveis manchetes da semana seguinte possam ser. A restrição faz os redatores do *Onion* se esforçarem muito mais.

Algumas manchetes que, felizmente, foram aprovadas:

> Drogas Vencem a Guerra às Drogas
>
> Criança Leva Fundação Make-A-Wish à Falência ao Desejar Desejos Infinitos
>
> Gaivota com Diarreia Mal Consegue Chegar à Praia Lotada a Tempo

Agora que vimos algumas das maneiras como a comédia se beneficia das restrições, vamos mudar nosso foco para os negócios.

NEGÓCIOS LIBERTOS POR RESTRIÇÕES

Nos negócios, a falta de tempo ou dinheiro costuma ser um problema. Não ter tempo suficiente para gerar e explorar opções é realmente um problema. Restrições da cadeia de suprimentos, restrições de comercialização e restrições regulatórias normalmente são terríveis para os negócios.

No entanto, as restrições estimulam o pensamento criativo devido ao esforço extra ou ao pensamento divergente. A seguir, há alguns exemplos de empresas bem-sucedidas nesse aspecto.

Pular anúncio

O desejo das pessoas de evitar comerciais não é nada novo, porém, com mais distrações (ou seja, aquelas ligações de telemarketing irritantes), é mais difícil do que nunca chamar a atenção de alguém. Como consequência, os comerciais de quinze segundos são mais comuns na televisão do que os de trinta segundos.

Talvez a coisa mais irritante seja ter que assistir a cinco segundos de um comercial no YouTube antes de pular para o vídeo de gatinhos.

A solução óbvia seria tornar os primeiros cinco segundos tão espetaculares, que o espectador assistiria ainda mais. Porém, muitos anunciantes estão adotando a restrição e economizando dinheiro no processo. A solução: agrupar as informações mais essenciais em anúncios curtos de seis segundos (considerando um atraso de um segundo para clicar em "Pular anúncio").

A seguradora Geico aderiu à restrição de seis segundos e fez uma série de anúncios "não puláveis" que é difícil de explicar, mas divertida de assistir. Um ator diz uma frase que envolve a palavra "economia", então a cena congela. O narrador entoa: "Você não pode pular este anúncio da Geico, pois ele já acabou." Então, algo na cena se move ligeiramente — uma mão, os olhos de alguém, um cachorro

— e você percebe que o vídeo não está congelado: as pessoas é que estão imóveis.[11]

A campanha não foi apenas muito engraçada, mas também muito bem-sucedida — 7,5 milhões de pessoas assistiram aos anúncios até o fim nas primeiras duas semanas. E, depois que viraram notícia, as pessoas procuraram os anúncios... para entretenimento.

Sem exploração

Ao longo dos anos, a Nike sofreu muito com suas supostas condições de exploração, e buscou melhorá-las. Em 2004, um dos desafios era a cola usada para conectar as solas ao resto do tênis. A cola era tóxica, mas os trabalhadores removiam as máscaras de segurança quando não estavam sendo monitorados. As máscaras eram irritantes. Era difícil se comunicar com elas. Como as fábricas ficam quentes, também eram desconfortáveis.

À primeira vista, uma solução seria confiar na teoria econômica: use cenouras (ou seja, recompensas) e varas (ou seja, punições) para forçar os trabalhadores a usar as máscaras de segurança. Mas isso é caro, impraticável e ruim para a reputação. A solução parece óbvia em retrospecto. A Nike escolheu reformular a cola, para não ser mais tóxica.

---

11 No meu favorito, uma família de quatro pessoas está congelada ao redor da mesa de jantar quando o São Bernardo da casa entra em cena. Fareja a comida, sobe na mesa e, alegre e ruidosamente, come o espaguete de todos, virando os pratos, pisando nas tigelas e abanando o rabo na cara das pessoas. Os atores fazem o possível para não sair da personagem.

Às vezes, é necessária uma restrição para nos fazer escolher a melhor opção, mesmo que não seja a óbvia.

Pequenos grandes sucessos

No livro *Small Giants,* Bo Burlingham traça o perfil de empresas que preferem a grandeza ao crescimento. Você provavelmente não conhece nenhuma delas — porque permanecem pequenas de propósito. Essa é sua restrição autoimposta.

Tudo começou há vinte anos com a Zingerman's Deli. Em uma entrevista com Michelle Darne, ele falou sobre a experiência:

> Eles foram extremamente bem-sucedidos e tiveram a oportunidade de crescer muito, de se tornar nacionais, de franquear. Eles decidiram que não queriam, pois tinham outros objetivos que consideravam mais importantes.
>
> Fiquei maravilhado com a criatividade do que faziam e com a qualidade das pessoas que conseguiam atrair. Pessoas de grandes corporações aceitariam consideráveis cortes de salário para trabalhar lá. Sócios de escritórios de contabilidade nacionais pediriam demissão para assar pão nessa empresa.

No livro, Burlingham traça o perfil de empresas que tiveram a oportunidade de crescer muito, mas optaram por não o fazer, porque outras metas eram mais importantes.

Um dos segredos era que essas empresas mantinham um tamanho pequeno o suficiente para que todos os seus colaboradores se conhecessem:

> Ao permanecerem pequenas, essas empresas conseguiram manter seu "encanto" — o carisma que faz delas as grandes empresas que são.

IMPLICAÇÃO: REGRAS IMPLÍCITAS

As regras protegem o status quo.

Quando você pensa em regras, vêm à mente as redigidas por governos, escolas e RH. Os comediantes fazem sua parte na ridicularização das regras explícitas.

No entanto, é preciso entender outro conjunto importante de regras.

Regras implícitas não estão escritas em lugar nenhum (daí seu nome) e, ainda assim, você as conhece — e, se não está ciente de algumas delas, aprenderá bem rápido.

Quase tudo que sei sobre regras implícitas aprendi com Jeff Leitner. Ele é *o* especialista em regras desse tipo e coordena o Unwritten Labs, que examina como essas regras afetam as organizações. Jeff me disse:

> Achamos que somos autônomos e independentes, mas, na verdade, somos criaturas sociais muito interdependentes.

> Portanto, regras implícitas — a maneira como os humanos sinalizam e reforçam o comportamento de grupo — são extraordinariamente influentes.
>
> Regras implícitas tornam nossos grupos e nossas vidas estáveis e previsíveis. Geralmente, não temos que adivinhar o que as outras pessoas querem de nós e elas não têm que adivinhar o que queremos delas.
>
> Mas toda essa estabilidade e previsibilidade tem um preço alto: regras implícitas tornam nossos grupos — nossas famílias, nossas empresas, nossos grupos de amigos — muito resistentes à mudança.

Essas regras explícitas e implícitas se tornam os muros que nos mantêm no status quo. Sair deles traz consequências. Quebrar regras explícitas acarreta punição formal, e quebrar regras implícitas causa rejeição social.

É nesse ponto que pensar como um comediante pode ajudar. A capacidade de um comediante de identificar o status quo — as regras explícitas e implícitas — e desafiá-lo nos permite avaliar sua validade. Quais regras são inúteis, contraproducentes ou injustas? Você concorda com as regras que segue tão obedientemente? Você ao menos sabia que elas existem? O que poderia conquistar se parasse de seguir as "regras" e começasse a sair do status quo?

Ao considerarmos empresas destruidoras do status quo, como a Rent the Runway ou a Spanx, vemos que elas fazem muito sentido para os negócios assim que ouvimos falar delas. Mas muitas ideias que são uma parte normal do mundo atual pareciam malucas quando apresentadas pela primeira vez. Houve resistência ao automóvel, ao telefone e até a filmes com som. Harry Warner, um dos fundadores da Warner Bros., disse a famosa frase: "Quem diabos quer ouvir atores falando?"

DESENVOLVA SEU TRUQUE

O mundo realmente não quer que você saia do *mainstream*. As empresas defendem essa ideia da boca para fora, mas o sentimento geral é: não seja *difícil*. Na verdade, isso é uma vantagem. Como resultado, sair do *mainstream* pode ser uma situação delicada. Não é preciso anunciar sua intenção. Aja com cautela, seja legal e veja até onde pode forçar seu comportamento de desafiar os limites.

A seguir, há algumas perguntas que você deve fazer ao refletir sobre como aplicar as ideias deste capítulo à sua vida.

- Posso fazer as perguntas que um humanoide faria? Continue questionando: "Por quê?"
- Estou em um espaço liminar? Onde estão as transições e rupturas do dia a dia que podem revelar uma nova forma de pensar?
- Quais são as regras explícitas e implícitas com as quais estou vivendo? Quais são as consequências reais e imaginadas de quebrar essa ou aquela regra?

Alguma dessas regras explícitas e implícitas está em conflito?

- Que decisões realmente me assustam? Que riscos maiores posso buscar?
- Ao se deparar com uma restrição, questione: "Ótimo. Ela nos dará a oportunidade de ser mais criativos?" Em qual restrição posso me apoiar?

Bons negócios e empreendedores não se prendem às normas nem cedem aos opositores. Em vez disso, eles invertem o status quo para identificar as oportunidades que estão bem à sua frente — na frente de todos nós. Assim, sair do *mainstream* começa no pensamento, e não na ação.

Um bom exemplo: o seu próximo Fora da Caixa.

FORA DA CAIXA: TERCEIROS PENSAMENTOS

A criatividade é uma solução apropriada e original para um problema. Na verdade, "Precisamos ser mais criativos" significa apenas: "Precisamos resolver esse problema de uma forma que ninguém mais conseguiu."

Uma forma eficaz — embora tediosa — de ser criativo é a persistência excessiva. Na maioria das vezes, sua primeira solução é apropriada, mas não original. E então você deve continuar tentando.

Você sabe por que Nikki Glaser é tão divertida em uma tiração de sarro? Ela solicita ideias para piadas em uma rede de amigos — recebendo mais de setenta sugestões para se inspirar enquanto escreve as piadas finais.

A falta de originalidade explica o que a maioria dos comediantes considera um roubo de piadas. Dois comediantes contam quase a mesma piada. A pessoa que contou primeiro acusa a pessoa que contou depois.

Imagine a corrida até o microfone aberto no dia em que o Viagra anunciou sua advertência: "Ereção de quatro horas."

Há um longo histórico entre a invenção independente e a tecnologia. Por exemplo, no dia em que Alexander Graham Bell solicitou a patente do telefone, Elisha Gray fez o mesmo para sua versão do aparelho. (Você pode adivinhar quem foi ao escritório de patentes primeiro.)

O segredo para soluções verdadeiramente criativas e inovadoras é ignorar seu primeiro pensamento. Tenha segundos pensamentos. Terceiros pensamentos. Cem pensamentos! Melhor ainda, verifique o exercício da apostila, disponível em PeterMcGraw.org.

TRUQUE DO SHANE

A comédia requer persistência. A cada dez piadas que escrevo, uma chega ao palco. A cada dez que chegam ao palco, uma entra na minha apresentação. A cada uma que entra na minha apresentação, uma chega à TV ou a um álbum. Bem, não sou bom em matemática, mas Pete deveria chamar meu conselho de *A Regra de Um Bilhão de Dólares da Comédia*.

CAPÍTULO 3

CRIE UM ABISMO

Andy Kaufman cresceu em Great Neck, Nova York, para se tornar um dos artistas mais inovadores dos Estados Unidos.

As pessoas que o conhecem se dividem em dois grupos: os que o amam e os que o odeiam. Para elas, ele é um gênio cômico brilhante ou um idiota instável e cheio de caprichos. Ele era um lunático — incrivelmente dedicado ao seu ofício. Para seus fãs, esse era exatamente o motivo de o amarem. Para seus não fãs, o motivo de o odiarem.

Quando Kaufman apareceu pela primeira vez no cenário da comédia, não ficou claro se ele estava tentando ser engraçado. Na época em que todo mundo contava piadas tradicionais, ele fazia imitações, cantava, dançava e dublava. Kaufman se considerava cantor e dançarino — um artista.

Por exemplo, ele colocava um toca-discos ao seu lado no palco e tocava a música tema de *Super Mouse*. Esperava sem jeito até que o próprio Super Mouse cantasse o refrão: "Super Mouse é seu amiiiigo! Vai salvá-lo do perigo!", e *dublava* esse trecho. Durante o restante da música, ele esperava pacientemente por sua deixa, e chegava a tomar goles de água.

Gosto de usar esse clipe como uma demonstração em minhas palestras profissionais. É esclarecedor ver como Kaufman divide o público. Alguns sorriem e riem. Outros franzem a testa, confusos com o personagem na tela. Mas, encantadas ou aborrecidas, poucas pessoas permanecem neutras.

Um de seus personagens, O Estrangeiro, era um cara humilde e desajeitado com uma voz estridente e um sotaque europeu. O Estrangeiro mais tarde se transformou em seu personagem Latka, no programa de televisão *Taxi*.

Outro alter ego de Kaufman era Tony Clifton, um detestável cantor de salão odiado por quase todo mundo. Enquanto Kaufman fazia o programa *Taxi*, negociou em contrato uma interessante cláusula que estipulava que Clifton teria que fazer certo número de aparições. Um dia, na pele de Clifton, ele apareceu no set com duas prostitutas, exigindo que fossem incluídas no programa. Clifton foi escoltado para fora do set e demitido. Tony Danza, outra estrela do programa, por acaso gravava os bastidores de *Taxi* naquele dia e filmou tudo.[1]

No dia seguinte, o elenco se reuniu no camarim de Danza para assistir à cena ultrajante. O elenco não percebeu que Kaufman havia entrado na sala e assistia também. Depois que acabou, eles o viram e congelaram, esperando por sua reação. Ele balançou a cabeça decepcionado e, referindo-se a Clifton, disse: "Que idiota." E saiu como se nada tivesse acontecido.

Era extremamente difícil para qualquer pessoa, mesmo para seus colegas de trabalho mais próximos, saber quando Kaufman estava atuando. E, de novo, para seus verdadeiros fãs, não saber era parte da atração.

FAÇA A DIVISÃO

Comediantes verdadeiramente memoráveis não param depois de sair do *mainstream*; eles vão o mais longe que podem. Conquistam seus espaços, deixam suas marcas e depois abrem uma fenda tão ampla e profunda quanto o Grand Canyon — odiadores de um lado, verdadeiros fãs do outro.

---

1 Jim Carey interpretou Andy Kaufman no filme de 1999 *O Mundo de Andy*, bem como seu alter ego Tony Clifton. A representação de Jim Carey de ambos era tão perfeita, que aqueles que conheceram o verdadeiro Andy (e Tony) disseram que eram tão desagradáveis quanto os originais. As filmagens dos bastidores de *O Mundo de Andy* — durante o qual Carey nunca sai do personagem — foram lançadas como documentário da Netflix em 2017: *Jim & Andy: The Great Beyond*.

Eles criam um abismo.

Kaufman exemplifica esse processo e as três ideias principais deste capítulo: 1) ele se concentrou nas pessoas que o amavam e não se importou com as pessoas que o odiavam; 2) ele conseguiu se destacar com sua habilidade de parecer tão real e natural; e 3) ele não tinha medo de começar uma briga.

Para atingir objetivos de carreira mais elevados, talvez você deva fazer o mesmo.

NÃO SIRVA CHÁ MORNO

Como parte de uma lição em minha aula de MBA, apresento estes números de satisfação do cliente e pergunto qual marca — A ou B — meus alunos gostariam de gerenciar.

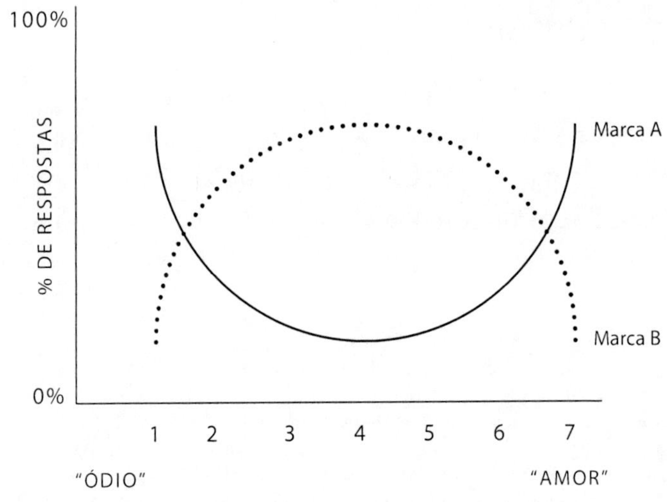

É um debate animado. Alguns deles preferem gerenciar a Marca A. E a maioria prefere gerenciar a Marca B.

Se você é da turma da "Marca B", pense em ser um gerente de marca da Toyota, Coca, Microsoft ou Capital One. Marcas gigantescas e de sucesso que parecem agradar a todos. Nada contra, mas a maioria das empresas de sucesso não é como essas gigantes. Além disso, a maioria delas não era assim quando começou.

Eu argumento que meus alunos se beneficiariam com o gerenciamento da Marca A. Nesse caso, você tem uma proporção considerável de pessoas que ama sua marca, que escolherá seu produto e que se engajará no boca a boca positivo. Além disso, seus clientes são menos sensíveis ao preço e mais leais — o que os torna lucrativos. Sim, muitas pessoas o odeiam, mas quem se importa? Deixe que seus concorrentes se preocupem em deixá-las felizes.

Os dados apoiam essa afirmação. Ações de empresas que criam um abismo tendem a ser mais estáveis no mercado do que as de empresas mais amplas. Talvez não tenham um valor muito alto, mas também não é baixo demais. As pessoas que amam essas empresas mantêm os valores estáveis.[2]

Resumindo: em um mundo no qual as pessoas querem chá quente ou chá gelado, pare de tentar agradar a todos servindo chá morno.

---

2 Luo, X., Wiles, M. & Raithel, S. (2013). Make the most of a polarizing brand. *Harvard Business Review*.

Os comediantes são como a Marca A.

Já reparou que a cada duas semanas algum comediante está se metendo em problemas por algo que disse no Twitter ou em um show de comédia? Enquanto o público-alvo do comediante ainda estiver rindo, essas piadas continuam a existir.

Joan Rivers é como a Marca A.

Joan nunca servirá um chá morno. Uma vez, ela contou uma piada sobre o quanto odeia crianças. "A única criança de quem eu acho que conseguiria gostar é Helen Keller, porque ela não falava." Um membro da plateia se ofendeu — o que não era de surpreender. Ele gritou que essa não é uma piada engraçada quando você tem um filho surdo, o que ele claramente tinha. Muitas pessoas teriam recuado ou mudado de assunto. Joan fez o oposto. Vale a pena assistir ao vídeo, pela paixão absoluta demonstrada por Joan, mas eis como ela respondeu:

> Você é tão estúpido. Comédia é fazer todo mundo rir de tudo e aprender a lidar com as coisas, seu idiota. Minha mãe é surda, seu filho da puta estúpido. Não venha me dar lições. E, caso você possa me ouvir aí do corredor, vivi nove anos com um homem com uma perna só. Ok, seu idiota? E o que dizer de um homem que perdeu uma perna na Segunda Guerra Mundial e nunca voltou para buscá-la? Isso, para mim, é despejo ilegal de detritos. Então

não me diga o que é engraçado. A comédia é para nos fazer rir. Se não ríssemos, onde diabos estaríamos?

Como ela disse mais tarde: "Não pedimos desculpas por uma piada. Somos comediantes. Estamos aqui para fazer você rir. Se não acha engraçado, não nos assista."

Isso nos leva ao nosso primeiro princípio de criação de abismos.

MIRE NA DISCÓRDIA

Se você concordar em não servir chá morno, precisará descobrir quem quer chá quente e quem quer chá gelado. E escolher um.

Uma das ideias fundamentais do marketing é avaliar o mercado observando as necessidades dos clientes. Esses clientes são segmentados em grupos identificáveis, com necessidades comuns e mesma resposta às táticas de marketing.

Você pode segmentar com base em dados demográficos, psicográficos (personalidade, valores), estilo de vida (comportamentos) ou qualquer outra coisa. Em seguida, você escolhe o grupo que pode servir *melhor* e cria produtos ou serviços para deixá-los felizes.

Em outras palavras, mire neles e ignore os outros.

PREPARAR, APONTAR, PIADA!

Comediantes e marcas de sucesso criam um abismo entre o cliente-alvo e o não alvo. O trabalho que fiz no Humor Research Lab confirma essa ideia. Descobrimos que o humor surge de violações benignas — isto é, as pessoas riem de coisas erradas, mas aceitáveis. Se forem apenas aceitáveis, elas ficam entediadas. Se forem simplesmente erradas, elas se ofendem.

O desafio é saber que o que é considerado certo e errado depende de um monte de variáveis individuais e culturais. A mesma piada pode ser engraçada para uma pessoa, entediante para uma segunda e ofensiva para uma terceira.

Veja, por exemplo, o programa de TV a cabo *It's Always Sunny in Philadelphia*. Se você nunca ouviu falar, provavelmente não vai lhe agradar. Em um episódio chamado "Charlie tem câncer", um dos personagens principais finge ter câncer. Alguém fingir ter uma doença tão grave normalmente seria considerado uma violação autêntica. Algo desprezível. Mas o que torna isso engraçado é que o amigo de Charlie, Dennis, está mais interessado em pegar uma bola de basquete emprestada do que em ser solidário.

Bom, você pode não achar isso engraçado, mas eu sei que o programa é divertido. Por quê? Porque atualmente está em sua décima quarta temporada. Os fãs *amam* o programa.

A boa comédia reconhece que, se você tentar fazer todos rirem, é mais provável que ninguém ria. Quando os comediantes fazem seu público-alvo rir (ou seja, fazem uma violação benigna), significa que este achará as coisas que eles fazem totalmente sem graça — muito leves ou muito agressivas. Os comediantes sabem muito bem o tipo de público que curte suas piadas, então maximizam as risadas buscando seu público ideal.

TRUQUE DO SHANE

Não contei a ninguém da minha cidade que estava me mudando para me tornar um comediante. Eu realmente não achava que as pessoas íntegras com as quais cresci teriam meu senso de humor.

A primeira vez que alguém da minha cidade assistiu a meu show de *stand-up* foi em minha estreia no talk show *Conan*.

Minha avó tocava órgão na igreja a um quarteirão de sua casa e meu avô cantava no coro. Eles frequentavam essa igreja há provavelmente quarenta anos. Então, quando descobriram que o neto apareceria na TV, minha querida avó decidiu fazer panfletos e distribuí-los na igreja para que todos em sua pequena comunidade assistissem.

Ela não tinha ideia de que todo mundo que ela conhecia estava prestes a assistir a seu neto contando piadas de sexo.

Depois da minha estreia, meus avós "coincidentemente" começaram a frequentar uma igreja em outra cidade.

Eu me sinto mal por fazer meus avós deixarem a igreja? Sim.

Vou escrever piadas para idosos que nunca teriam interesse em ir a um clube de comédia? Claro que não.

REDES AMPLAS OU ALVO DE FLECHAS

Parte do que torna o "humor saudável" tão difícil para um comediante é que ele precisa ser, ao mesmo tempo, menos polêmico, mas engraçado o suficiente — muito engraçado — para atrair um público mais amplo. O comediante Alonzo Bodden diz que o trabalho mais difícil na comédia é trabalhar em um navio de cruzeiro. Você deve ser capaz de entreter um amplo grupo de pessoas — desde avós viúvas a jovens casais. Bodden diz que, para trabalhar em um navio de cruzeiro, é melhor você ser capaz de tornar uma maçaneta engraçada.

A versão empresarial dos comediantes de navios de cruzeiro são essencialmente as grandes marcas do mercado de massa: Walmart, Coca-Cola ou McDonald's. Elas tentam ser atraentes para o público mais abrangente possível. Mas são as únicas que podem adotar essa abordagem. Para um iniciante, escolher seu nicho sem medo e atendê-lo bem é uma melhor estratégia.

"Mas, Pete, se as marcas maiores e mais bem-sucedidas tentam atrair um público o mais amplo possível, não é isso que devo fazer?"

Não. De jeito nenhum. Ser amplo é privilégio de grandes empresas com diversas linhas de produtos. Mas essas empresas não começaram grandes — e não eram amplas. Começaram com um nicho. A Coca-Cola vendia nove refrigerantes por dia em seu primeiro ano. O McDonald's começou com uma loja, assim como o Walmart (na verdade, Walton's 5&10).

E, se pensarmos bem, essas marcas gigantes ainda criam muito abismo. Veja a Starbucks, por exemplo. Por que as pessoas amam a Starbucks? Porque há uma Starbucks em cada esquina. Porque você pode obter o mesmo Triplo Mocha Latte em qualquer lugar do mundo, de Cleveland a Cusco e Rio de Janeiro.

Por que as pessoas odeiam a Starbucks? Porque há uma Starbucks em cada esquina. Porque você pode obter o mesmo Triplo Mocha Latte em qualquer lugar do mundo, de Cleveland a Cusco e Rio de Janeiro.

Não é para todos

Estou fazendo um ano sabático na Califórnia, um estado com muitos atrativos. E tem para todos os gostos: grandes cidades, praias, montanhas, desertos, acupuntura para o seu cachorro.

Por outro lado, Nebraska não tem a mesma variedade. Claro, você sempre pode caçar tornados ou visitar o Museu Norte-americano de Velocidade em Lincoln, mas o estado de Nebraska é conhecido por ser "tão plano, que você ainda consegue ver seu cachorro fugindo depois de três dias".

Com isso em mente, Nebraska mudou recentemente seu lema estadual...

Legenda: Nebraska. Sinceramente, não é para todo mundo.

E isso faz as pessoas que *gostam* de lá se sentirem orgulhosas.

Avançado demais

Se você é um esquiador experiente, provavelmente conhece Snowbird, a estação de esqui de Utah. Com um pico de mais de 3 mil metros de altura e uma queda vertical de mais de mil metros, é uma das montanhas mais emocionantes da América do Norte. Como uma empresa que se preocupa com seus clientes, o resort monitora as avaliações que recebe. Um grupo eloquente de clientes estava deixando um feedback altamente negativo, reclamando que "não há pistas fáceis" e que "a camada de neve fofa é profunda demais".

Essas avaliações de uma estrela costumavam ser de turistas de Nova York ou Los Angeles em busca de uma experiência de esqui mais fácil. A Snowbird tinha uma escolha nesse momento. Poderia levar o feedback a sério, preparar melhor as pistas, eliminar algumas árvores e tornar partes da montanha mais fáceis de esquiar. (Temos o prazer de anunciar uma nova pista, "Bumbum de bebê!")

Ou poderia ignorar esses clientes insatisfeitos para não decepcionar seu grande número de clientes muito satisfeitos que querem um desafio. Ou poderia ir ainda mais longe e criar um abismo, com uma campanha publicitária premiada destacando orgulhosamente as avaliações de uma estrela.

Você pode adivinhar qual alternativa eles escolheram. Veja um exemplo:

UMA ESTRELA: AVANÇADO DEMAIS

Ouvia dizer que Snowbird é uma montanha difícil, mas isso é ridículo. Todas as pistas eram um penhasco íngreme ou eram cheias de árvores. Como alguém consegue esquiar nisso? Nada divertido!

Greg, Los Angeles, CA

Para a Snowbird, o nível de dificuldade era o diferencial. Eles comunicaram claramente seu abismo com uma mensagem poderosa: Greg, se quiser corridas mais fáceis, vá para outro lugar.

Aumente o volume

Meu exemplo favorito de criação de abismos nos negócios é o Barry's Bootcamp.

A aula de fitness de alta intensidade apresenta corridas em esteira e exercícios pesados no solo. O Barry's, que existe há vinte anos, é popular entre celebridades como Kim Kardashian e Jake Gyllenhaal. E, embora o Barry's faça você ficar em forma, não é isso que o diferencia. O treino é semelhante ao de seus concorrentes, como Orange Theory ou F45, mas o ambiente é completamente diferente.

Primeiro, o espaço é barulhento — é como se exercitar em uma boate. É tão ensurdecedor, que pedi protetores auriculares na recepção. E eles tinham!

Em segundo lugar, todo o espaço de treino é iluminado com luzes vermelhas. Isso parece estranho até você perceber como a iluminação vermelha nos deixa fabulosos. O Distrito da Luz Vermelha de Amsterdã usa luzes vermelhas pelo mesmo motivo.

Terceiro, o treino e as luzes o deixam tão bonito, que você quer se exibir. Os homens tiram as camisas, algo que não é comum nos concorrentes.

As pessoas amam ou odeiam. E, por causa desse amor, o Barry's tem tido muito sucesso, recebendo investimentos de capital privado e se expandindo para além da Califórnia e de Nova York, para outros estados e países.

INCRIVELMENTE CRÍVEL

Eis um aspecto inesperado do sucesso na criação de abismos. As empresas e os comediantes de maior sucesso demonstram uma forte *dedicação à autenticidade*. As pessoas *acreditam* em sua autenticidade, portanto acreditam *nelas mesmas*.

Porque, não importa o tamanho do abismo, se não for verdadeiro, é inútil. O tudo ou nada é a única maneira de fazer com que tenha importância. Abismos exigem comprometimento.

Quando você combinar autenticidade com os princípios que abordamos até agora — criar inversões, assumir riscos, visar seu público ideal —, produzirá resultados com poder de permanência.

UMA MORTE HONESTA

Há uma crença bem conhecida de que mesmo a comédia mais ultrajante contém uma pitada de verdade. *É engraçado porque é verdade.* Portanto, um atalho para a criação de comédia é apenas dizer a verdade. Mas — e isso não será nenhuma surpresa — a verdade muitas vezes é embaraçosa.

Doug Stanhope é um comediante ríspido, sincero e libertino demais. Todas as suas roupas, incluindo as que usa para se apresentar, são compradas em brechós. Ele mora em um condomínio em uma cidade rural de apenas 5.192 habitantes no Arizona.

Stanhope e sua mãe, Bonnie, compartilhavam o mesmo senso de humor peculiar. Quando Stanhope tinha dez anos, Bonnie o levou para assistir ao filme de *stand-up* de Richard Pryor, não recomendado para menores de 18 anos. O relacionamento entre mãe e filho era muito afetuoso; ela sempre o encorajou a seguir seus sonhos.

Bonnie reconhecia ser alcoolista, depressiva e "viciada em remédios", com tendências suicidas. Em 2008, a pobre Bonnie estava morrendo de enfisema e disse ao filho que não queria mais viver. Ele ficou ao seu lado enquanto ela tomava trinta comprimidos de morfina, com a ajuda de drinques. Então, ele e alguns amigos zoaram Bonnie enquanto ela esperava a morte. Stanhope até pensou em contratar um palhaço, mas não conseguiu um em sua pequena cidade.

Ele compartilha toda a experiência em suas memórias *Digging up mother — A love story* [Desenterrando mamãe — Uma história de amor, em tradução livre], e em seu especial de comédia homônimo. Tanto o especial quanto o livro são ao mesmo tempo desconcertantes, comoventes e hilários (se você gosta de Doug Stanhope).

No especial, ele brinca sobre a generosidade da mãe, mesmo no além:

> Se não houvesse vida após a morte, como minha mãe poderia ter comprado para mim e para meus amigos tantos presentes legais do catálogo da SkyMall em seu cartão de crédito quatro dias depois de sua partida terrena?

É claro que ele esperou até que o crime de fraude de cartão de crédito tivesse prescrito antes de fazer essa piada.

Stanhope não se importa com o que os outros pensam. Ele passa dos limites? Para algumas pessoas, a resposta é "com certeza". Mas, para ele, essa atitude é autêntica e parte de seu talento cômico.

TRUQUE DO SHANE

Muitas vezes, depois de um bom show, as pessoas vêm até mim e em um tom sério me perguntam: "Você está bem?" O público não está acostumado a ouvir relatos sobre pensamentos suicidas ou estadas em alas psiquiátricas.

Aprendi desde cedo que, se tivesse medo de falar sobre algo, o público recompensaria minha coragem. Assuntos que faziam com que eu me sentisse vulnerável não eram apenas diferentes do que o público costumava ouvir, e a melhor comédia também pode vir de lugares sombrios, mas autênticos.

Uso a seguinte regra: quando acho que NÃO DEVO compartilhar algo no palco é porque TENHO QUE compartilhar.

Aliás, Pete gostaria que eu informasse que estou muito bem e que a faca que ele está segurando na minha garganta é uma ótima inspiração criativa.

DIGA COM SINCERIDADE

Quando se trata de autenticidade nos negócios, uma forma de reconhecer sua verdade e se comprometer com seu abismo está nas palavras que você usa para se comunicar com seu público.

Alugue Manhattan

Quando você vende um produto, a maneira tradicional de competir no mercado é baixar os preços. Tudo se resume a uma guerra de preços. Se você está vendendo espaço para armazenamento, a batalha se resume a quem tem a metragem quadrada mais barata. Mas, quando se trata de vender espaço extra para as pessoas morarem, bem, não existe metragem quadrada barata em Manhattan.

Os moradores de Manhattan que desejam ter mais espaço acabam se mudando para os subúrbios. Mas o Manhattan Mini Storage tenta convencer as pessoas a ficar. O argumento é que você pode manter seu minúsculo apartamento e pagar um depósito para armazenar tudo que não cabe na sua casa. No entanto, em sua campanha publicitária, a empresa acrescentou uma dose saudável da famosa franqueza nova-iorquina, o que lhe rendeu muito mais respeito (e atenção):

> O apocalipse foi adiado para outubro, então pare de procrastinar.
>
> Você terá mais espaço de manobra do que a moral do [prefeito] Herman.
>
> Por que sair de uma cidade que tem seis times esportivos profissionais, e mais o Mets?

Eles espalham inúmeros outdoors e cartazes como esses pela cidade. A mensagem é impossível de ignorar — ela é ao mesmo tempo um motivo para as pessoas escolherem e *não* escolherem a empresa.

Inspirado no Manhattan Mini Storage, decidi lançar minha própria campanha em outdoors. O que você acha?

> Compre este livro. Você não tem nada a perder além de tempo, dinheiro e seu emprego.
>
> Seus professores estão errados. Imite os palhaços da turma.
>
> Quer perder peso? Este livro não ajudará em nada.

Choque no sistema

A French Connection é uma loja de moda de alto padrão para jovens fundada por Stephen Marks em 1972, mesmo ano de lançamento do filme que lhe deu nome [lançado no Brasil com o título *Operação França*]. A French Connection UK começou a usar sua sigla — FCUK — em sua publicidade em 1991. A ideia surgiu do envio de faxes entre o escritório de Hong Kong e o do Reino Unido, em que os nomes dos escritórios eram abreviados como "FCHK" e "FCUK", respectivamente.

A sigla é praticamente impossível de ignorar. A empresa anunciou sua nova loja em Londres como "a maior FCUK do mundo", e "uma enorme FCUK". Não era mentira: a localização na Oxford Street tinha mais metragem quadrada do que qualquer outra loja anterior.

Eles tiveram problemas com a Advertising Standard Authority (o cão de guarda da publicidade), que os alertou para não usarem esse tipo de linguagem novamente. No entanto, quando a loja desembarcou na costa leste dos Estados Unidos, eles a promoveram como "a primeira FCUK de São Francisco".

Marks creditou grande parte do sucesso à polêmica sigla. A empresa alavancou o uso do acrônimo, colocando-o em vinte por cento de seus produtos.

Somos uma droga

A Domino's Pizza é uma empresa inovadora. Em 1979, lançou sua promessa "Trinta minutos ou de graça". Ela também inventou o Pizza Tracker, em 2008, para que as pessoas pudessem acompanhar quando a pizza estivesse sendo preparada, embalada e enviada para entrega. O rastreador instigava as pessoas a fazerem pedidos on-line e, nessa modalidade, as pessoas gastavam cerca de dois dólares a mais por pedido.

Mas nem todas as conveniências do mundo poderiam sustentar a empresa em dificuldades. O preço das ações estava em três dólares e o crescimento das vendas era inferior à média do setor.

Eles queriam descobrir por que sua marca era tão desprezada, então pesquisaram seus clientes. As respostas chegaram, e a verdade foi difícil de engolir. Literalmente.

A comida da Domino's era terrível. A pizza em si — seu produto principal — foi classificada como a pior entre os principais restaurantes.

O molho era ralo e a massa frequentemente descrita como papelão. Até mesmo o Chuck-E-Cheese se classificou melhor na qualidade da pizza.

Em vez de reclamar, a Domino's tinha que trabalhar para fazer uma pizza melhor. Eles reformularam todas as receitas, reorganizaram seus ingredientes e a cadeia de suprimentos e treinaram novamente toda a sua equipe. Em seguida, anunciaram seus resultados para o mundo.

Em geral, quando uma empresa melhora seu produto principal, ela faz uma campanha básica. Você já viu campanhas desse tipo mais de mil vezes. "Agora com pedaços de bacon de verdade!"; "Vinte por cento mais ingredientes ativos!" e, claro "Nova receita aprimorada!"

Mas não a Domino's. Em 2010, eles fizeram uma campanha que admitia, sem meias-palavras: "Desculpem, nossa pizza era uma droga. Nós a melhoramos. Por favor, nos diga se gostou." Na verdade, eles colocaram seu presidente, seu chefe de cozinha e seu diretor de marketing diante das câmeras para ler as duras críticas e fazer um *mea culpa* público.

A campanha incluiu uma série de mensagens de marketing criativas — variando de marquises na Times Square a comerciais em que eles visitavam seus clientes mais críticos levando a nova pizza para experimentarem.

As melhorias na pizza foram radicais e dispendiosas. Eles tiveram que mudar todos os ingredientes e todas as receitas. Mas sabiam que isso não seria o suficiente para que as pessoas quisessem experimentá-la. A combinação pizza aprimorada com *mea culpa* foi o que mudou tudo. A campanha "Pizza Turnaround" gerou um burburinho positivo sobre a empresa e aumentou as vendas nas lojas.

Ao recorrer perigosamente à credibilidade, a Domino's se recuperou. No ponto mais baixo, eles tinham a pior pizza do setor. Agora, são a pizzaria número um do mundo; o preço de suas ações, 294 dólares, reflete isso.

Parabéns ao desmiolado que se esqueceu de vender suas ações da Domino's!

COMPRE BRIGA

Comprar uma briga é, sem dúvida, a maneira mais infalível de criar um abismo. Andy Kaufman decidiu começar a lutar (literalmente) — alegando ser o campeão mundial intergênero de luta livre. Ele lutava com mulheres e pagava um prêmio em dinheiro caso lhe vencessem.

O conflito e a controvérsia fazem automaticamente as pessoas escolherem um lado. Elas decidem se apoiam você ou não. Embora esse possa não ser o caminho ideal para, aham, relacionamentos íntimos... para comédia e negócios, é quase certeiro.

COMBATA A RISADA

Indiscutivelmente o melhor comediante de sua geração, Dave Chappelle incorpora muitas das práticas e perspectivas da comédia abordadas neste livro. Quer um exemplo melhor de como sair do *mainstream*? Ele recusou uma oferta de contrato de 50 milhões de dólares do canal Comedy Central.

Como todos os comediantes de *stand-up*, Chappelle desenvolve novo material durante suas turnês, oferecendo ao público uma mistura de piadas prontas e ainda inacabadas. Como todo comediante de *stand-up*, ele encontrava trechos de vídeos dessas apresentações por toda a internet. Cansado de ter suas piadas transmitidas para o mundo antes de serem aperfeiçoadas, Chappelle fez algo que todos os artistas gostariam de fazer: começou a exigir que os clubes de comédia lacrassem os celulares de seus clientes. Após resistência tanto dos clubes ("Merda. Precisamos comprar os lacres.") quanto do público ("Merda. Não consigo *viver* sem meu telefone."), lacrar telefones agora é uma prática comum. Todos se beneficiam: o comediante pode correr riscos maiores e o público fica mais presente e atento. Temos uma dívida de gratidão com Chappelle por não se importar com nossos sentimentos.

É uma pequena batalha, mas ele também não foge das grandes guerras.

Os críticos costumam ser muito bons em avaliar a aprovação do público-alvo para determinado show. Não foi o caso do especial de comédia de Dave Chappelle, *Sticks and Stones*. No especial, Chappelle ataca o aumento desenfreado da "cultura do cancelamento". Ele faz uma imitação:

> Certo, lá vai. Dãa, ei, cara, se você fizer algo errado em sua vida, dãa, e eu descobrir, acabo com sua vida, e não me interessa quando vou descobrir. Pode ser hoje, amanhã, daqui a quinze, vinte anos. Se eu descobrir, você está f*dido, dãaa, é o fim.
>
> Quem é essa pessoa?
>
> É você! É assim que vejo o público. É por isso que não saio por aí fazendo comédia o tempo todo, porque...

Não posso escrever o que ele diz a seguir, mas asseguro que não é o tipo de coisa que você diz a um público que deseja que fique do seu lado. Mesmo assim, o público reagiu com gritos e aplausos.

Enquanto os críticos profissionais citados no Rotten Tomatoes avaliaram *Sticks and Stones* com um índice de satisfação de 31 por cento, a pontuação do público usuário é de 99 por cento.

Aqui está uma distinção importante: os críticos não criam abismos, eles os criticam.

Sátira à prova de balas

Sacha Baron Cohen é um Andy Kaufman moderno. Os personagens ultrajantes e ofensivos do comediante britânico — em especial Borat e Bruno — são tão polêmicos, e ele os personifica com tanta maestria, que ele muitas vezes teme que as pessoas o "cancelem" de verdade. E não só metaforicamente.

Em 2018, durante as filmagens de sua série de sátira política *Who is America*? [Quem são os Estados Unidos?, em tradução livre], Cohen se disfarçou de palestrante liberal e convocou uma reunião pública em uma pequena cidade no Arizona para pregar peças nos moradores, dizendo que sua cidade estava prestes a se tornar o canteiro de obras da maior mesquita do mundo fora do Oriente Médio. Cohen havia contratado um guarda-costas para o evento, caso algum dos moradores reagisse mal à piada. Em uma cidade onde o porte de armas encobertas é permitido, o guarda-costas teve que garantir que as armas fossem removidas antes que as pessoas entrassem na reunião.

"No entanto, algumas pessoas [ainda] podem estar armadas", avisou o guarda-costas. "Não se preocupe, para o caso de alguém puxar uma arma e tentar atirar em você, eu criei uma prancheta à prova de balas."

E assim Sacha Baron Cohen carregou uma prancheta à prova de balas durante todo o dia da filmagem. E isso nem é a coisa mais bizarra que Cohen fez em sua carreira. Ele não tem medo de comprar uma briga.

Zoação pesada

Quando eu era adolescente, ridicularizar os amigos era um passatempo comum e um rito de passagem. Até que, em algum momento, alguém deixava de lado os insultos comuns e partia para as piadas do tipo "sua mãe é..." — e isso podia significar que uma mera brincadeira acabaria em socos.

Ridicularizar era a nossa forma de zoar.

Jeffrey Ross é o rei da comédia de insulto e outro criador de abismos. Ele é tão comprometido com suas piadas, que está disposto a se colocar em perigo. Aposto que ele contava piadas épicas ao estilo "sua mãe é" quando era adolescente.

Ele não se limita a zoar alguém na segurança de um palco em um ambiente controlado. Jeffrey sai por aí, pelas ruas, e se mistura ao seu público (ou melhor, vítimas), arriscando não só que ninguém ache graça, mas também levar um soco no meio da cara.

Ross visitou a Igreja Batista de Westboro e foi recebido por dois frequentadores altos e corpulentos com cartazes de protesto. Ele zoou os dois. Você pode assistir ao vídeo no meu canal no YouTube.

Alerta de spoiler: ele não leva um soco, e eles estavam rindo no final.

CAMPO DE BATALHA DOS NEGÓCIOS

São muitas as boas histórias de marcas e pessoas que se recusaram a servir chá morno e não tiveram medo de fazer o público escolher um lado. E também não tiveram medo de ser hostil ou despertar a fúria do público. Como diz Seth Godin: "Vá começar uma confusão."

Nos odeie por um desconto

Davide Cerretini é proprietário do Botto Bistro, na Califórnia. Frustrado por ficar à mercê do Yelp, que ele acreditava extorquir pequenas empresas em troca de anúncios, decidiu revidar. Colocou uma placa em seu restaurante dizendo que os clientes que dessem avaliação de uma estrela a seu restaurante no Yelp receberiam 25 por cento de desconto em sua próxima pizza. Mais tarde, ele aumentou o desconto para cinquenta por cento.

"Nos Odeie no Yelp" tornou-se seu passaporte para a fama. O restaurante obteve 2.300 avaliações de uma estrela e o Botto Bistro tornou-se o restaurante com pior avaliação no Yelp. No entanto, a maioria dos comentários de uma estrela "reclamava" de como a pizza era *boa*:

> Eu gostaria que houvesse a opção zero estrelas. Essa seria minha nota.
>
> Minha comida chegou muito rápido. Estava quente demais para comer. Trouxe de volta todo o tipo de memórias terríveis de comer na Itália.

Cerretini se vingou do Yelp e se tornou uma espécie de celebridade. Seu restaurante ainda está em funcionamento, e ele passou a dar aulas particulares de culinária por 3 mil dólares cada.

Inspirado por Cerretini, paguei uma pizza para Shane em troca de uma crítica de uma estrela para este livro:

> Mais ou menos... Depois de se conformar com o terrível título do livro, você percebe que é a melhor parte. Sério, quantos exemplos fitness um leitor consegue suportar? Tá bom, McGraw, entendi que você é sarado.
>
> — SHANE MAUSS, COLABORADOR INSATISFEITO

Acredite em algo

A Nike desistiu de produzir equipamentos de golfe anos atrás, em parte porque reconheceu que, em um mundo pós-Tiger Woods, o golfe está em declínio — especialmente entre os jovens. Embora o golfe ainda seja um negócio de tamanho considerável, a Nike busca a ascensão.

Abandonar o golfe é uma coisa, mas a Nike tomou a decisão de buscar a ascensão quando lançou sua campanha *Believe in Something* [Acredite em Algo], com Colin Kaepernick, e criou um abismo. Não tenho dúvidas de que você já ouviu falar dela. Com certeza, o mundo se dividiu. Algumas pessoas adoraram e outras atearam fogo em seus equipamentos da Nike. A campanha foi difamada e celebrada. A aposta no cliente jovem e internacional foi inteligente: as vendas on-line aumentaram 31 por cento e as ações subiram 5 por cento (um aumento nominal de 6 bilhões de dólares).

Uma loja de artigos esportivos em Colorado Springs decidiu boicotar os produtos da Nike por causa da campanha de Kaepernick. Poucos meses depois, ela fechou. Stephen Martin, proprietário da loja, disse mais tarde: "Ser uma loja de esportes sem as camisetas da Nike é como ser uma loja de leite sem leite ou um posto de gasolina sem gasolina."

Vingança agridoce

Dos anos de 1960 até a queda da ex-União Soviética, o país comunista da Romênia tinha uma barra de chocolate chamada Rom. Esse tipo de coisa era normal. Nesses países, havia apenas um tipo de vodca, um tipo de queijo e um tipo de sentimento.

Mas, mesmo sendo a única barra de chocolate disponível, ela não era muito apreciada.

Quando as portas do país se abriram ao investimento estrangeiro, chegaram os concorrentes. O chocolate Rom teve dificuldade em competir com os atrativos do Snickers. Ele não ficava para trás apenas no sabor, mas também não tinha o mesmo orçamento e a mesma distribuição que seus concorrentes agressivos e bem-estabelecidos.

O romeno Adrian Botan era o diretor criativo da McCann Erickson Romania na época. Ele me disse: "Um dos meus sonhos era trabalhar para essa marca. Eu queria trazê-la de volta à vida."

Em 2010, ele liderou o projeto para fazer exatamente isso. O objetivo era conseguir a transição da marca Rom para uma marca nostálgica, mas uma nostalgia diferente, remetendo à ironia e ao comunismo:

> Veja só. Relançamos o Rom como um chocolate capaz de despertar as memórias da era comunista. Como essas memórias são agridoces, o chocolate Rom agora tem um sabor mais "forte e amargo".

A campanha zombou dos pequenos traumas cotidianos da era comunista. Uma série de comerciais mostrava romenos mordendo uma barra de Rom e reavivando algum aspecto da cultura comunista. Em um deles, um homem de cabelos compridos morde uma barra de Rom e involuntariamente convoca o esquadrão secreto da polícia comunista, que o enfia em um carro, o leva a um depósito e raspa seu cabelo como punição. Eles o jogam de volta na calçada, com a cabeça recém-raspada. (É mais fácil apreciar essa piada quando se é romeno.)

Cada anúncio termina com o slogan da marca: "Fortes sensações desde 1964."

A campanha foi ótima para os consumidores mais velhos, que se divertiam ao transformar suas recordações de tempos mais difíceis em piada. Mas os consumidores mais jovens não estavam interessados nos velhos tempos, que só conheciam de ouvir histórias. Pior ainda, a geração mais jovem não queria uma palestra sobre orgulho nacional.

Botan e a equipe perceberam que precisavam "incitar" o orgulho nacional latente atacando seu símbolo. Eles substituíram as cores da bandeira romena que estampavam a embalagem pelas cores do inimigo. A bandeira russa foi cogitada, mas considerada ofensiva demais (violação autêntica), então eles optaram pela bandeira dos Estados Unidos, porque o país remetia a associações positivas e negativas.

Mudar a embalagem foi uma jogada ousada para a empresa Rom. Botan e seus colegas tiveram que convencer os diretores a correr um alto risco. Eles usaram o exemplo da crise involuntária da New Coke, em que os clientes exigiam a velha Coca de volta.

Claro, com a Rom seria diferente. O objetivo era criar uma crise intencionalmente e depois resolvê-la. Rom montou uma sala de guerra para se preparar para a crise iminente. É estranho provocar a ira de seus clientes de propósito. O plano era secreto — a maioria dos funcionários não tinha conhecimento dele. Quando os operários da fábrica souberam da mudança, ficaram indignados. Botan lembrou: "Eles queriam matar os diretores."

Rom conseguiu exatamente o que esperava: um clamor nacional, agora conhecido como *patriotismo romeno reativo*. Tudo isso envolveu uma semana de comentários no Facebook, vídeos no YouTube, um flash mob e cobertura em talk show.

A etapa final foi trazer de volta a marca original com as cores da Romênia. Comprar essa briga valeu a pena. As vendas do chocolate Rom aumentaram para oitenta por cento da participação de mercado, alcançando a primeira posição na categoria, e a barra de chocolate Rom tornou-se icônica.

IMPLICAÇÃO: FALHA DE MÉDIAS

Boas empresas monitoram constantemente suas pontuações de satisfação do cliente — em busca de problemas. A satisfação do cliente é um indicador da lealdade dele, mas a primeira é mais fácil de medir.

A maioria das pontuações de satisfação do cliente é apresentada como uma medida-resumo. Veja, por exemplo, o Net Promoter Score (NPS). O Net Promoter Score pede aos clientes que classifiquem, em uma escala de 0–10, a probabilidade de recomendar um negócio específico para outra pessoa. As faixas de pontuação representam detratores (0-6: aqueles que pensam negativamente em você), passivos (7-8: eles podem pegar ou largar) e promotores (9-10: fanáticos que declaram seu amor do alto dos telhados). Ou pelo menos é o que afirmam.

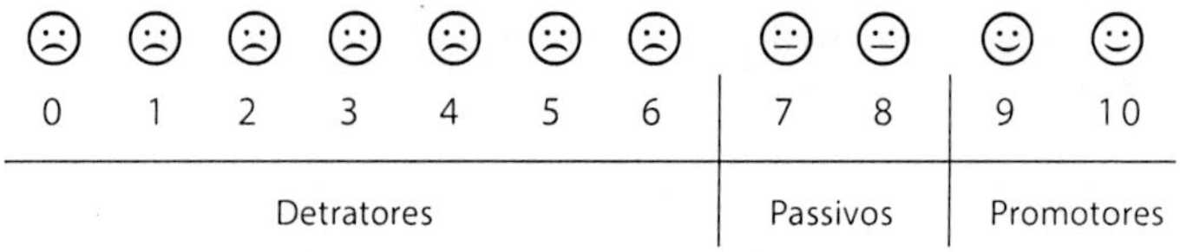

☺% − ☹% = NET PROMOTER SCORE

O NPS subtrai os detratores dos promotores para dar a você uma pontuação "líquida". Mas a questão é que não é possível ver o quanto as pessoas gostam de você "em média", porque a média não representa a verdade. O problema com o NPS é que ele joga fora dados valiosos, dando a você uma única pontuação. Em vez disso, você precisa ver a distribuição das respostas. Uma distribuição de uma curva é radicalmente diferente de uma distribuição de duas curvas.

Em vez de olhar para as médias, você deseja olhar para as frequências — os números que constituem a média. O que está acontecendo com as pessoas que *amam* você?

Lembre-se de que o poder do abismo está em não fazer concessões. Exige fazer com que as pessoas amem e odeiem você ao mesmo tempo. Não perca tempo e energia tentando aumentar os números baixos. Em vez disso, descubra o que já está fazendo para atrair os esquisitões que o amam, e então faça mais.

DESENVOLVA SEU TRUQUE

Por causa dos avanços tecnológicos, da expansão da economia e da concorrência saudável na maioria das categorias, hoje em dia é muito fácil obter produtos e serviços de alta qualidade. Especialmente nas linhas de produtos maduras, todos os concorrentes já fizeram as principais melhorias na categoria. Depois que as marcas de tênis trocaram as solas retas do All Star Chuck Taylors para os legítimos calçados atléticos com apoio em arco, não havia muito mais que pudessem fazer para melhorar. Hoje, todos os cartões de crédito oferecem praticamente os mesmos recursos principais: recompensas em *cashback*, ótimas taxas iniciais, proteção contra fraude, e assim por diante.

Especialmente se os produtos ou serviços são muito indiferenciados em sua categoria, procure maneiras mais ousadas de criar abismos para atrair clientes.

Para ajudar a criar um abismo, aqui estão algumas perguntas que você deve fazer:

- Quem é seu cliente ideal? De verdade, quem é essa pessoa? Qual é o perfil dela?
- Você está preparado para se envolver em uma controvérsia? Está disposto a defender os clientes que mais amam seus produtos?
- Você consegue se dedicar ainda mais às coisas que seus verdadeiros fãs amam?

- Que escolhas difíceis você pode fazer para *não* ser um produto para todos?
- Como fazer os clientes escolherem se estão do seu lado ou contra você?
- E claro: vamos servir chá morno?

Em seguida, o Fora da Caixa o guiará por outra maneira de criar um abismo que, surpreendentemente, pode ter um grande apelo. E então, no Capítulo 4, será hora de parar de provocar brigas e começar a fazer amigos.

FORA DA CAIXA: UM PÚBLICO DE UMA PESSOA SÓ

Quando você está tentando criar um abismo, um dos desafios é superar o medo de desapontar ou irritar as pessoas. Mas irritar e decepcionar as pessoas é, na verdade, um risco razoável. Você quer algo que seu público-alvo possa amar, mesmo que isso signifique que outras pessoas odeiem.

A versão radical da noção de criar algo que as pessoas amam é criar algo que *apenas uma pessoa* ame. E essa pessoa é você.

Os comediantes quase sempre começam seu processo de redação de piadas concentrando-se nas coisas que *eles* acham engraçadas. Só depois disso se preocupam em construir uma ponte para o público — se for o caso.

Algo assim também pode acontecer nos negócios: fazer algo de que você precisa para resolver um problema pessoal.

Esse é um cenário de alto risco e alta recompensa. O risco é que só resolva o problema de uma pessoa (ou seja, você). Mas a recompensa é uma forma especial de criatividade diferente do que todo mundo está fazendo. O mundo é muito grande — quase 8 bilhões de pessoas. Se algo faz *você* feliz, há uma boa chance de que haja um mercado lá fora de uma parte desse grande mundo que também vai amar.

TRUQUE DO SHANE

Embora a comédia seja subjetiva, ainda há muito espaço para gostos compartilhados. Eu costumava contar uma piada sobre mudar de sexo e depois viajar no tempo para ficar grávido de mim mesmo. Quando eu contava, recebia mais olhares de estranheza do que risos. Mas eu estava convencido de que era engraçado. Outros comediantes pareciam gostar, mas o público nunca ria disso, então eu raramente a usava, exceto para me divertir.

Durante as gravações do meu primeiro álbum de comédia, consegui uma gravação perfeita na primeira tentativa, então decidi arriscar mais na segunda gravação. Recorri ao meu material mais estranho, incluindo essa piada. Foi uma das poucas vezes em que ela gerou uma risada.

Fiquei satisfeito o bastante para colocá-la no álbum. Quando as pessoas analisaram o álbum, muitas vezes comentavam que era a melhor piada. Então eu percebi algo sobre o que o público finge gostar e o que realmente gosta. Em um show ao vivo, os membros do público estão em sintonia com o que faz as outras pessoas na plateia rirem. Eles não querem ser alguém que não entende uma piada ou o único rindo da piada estranha sobre um viajante do tempo que muda de sexo e engravida a si mesmo. No entanto, ao ouvir sozinha no carro, a pessoa se sente mais livre para rir — especialmente porque as piadas mais engraçadas costumam ser as menos confortáveis para rir em público.

Stuart Butterfield não é bom em fazer videogames, mas é um mestre em transformar um aspecto de seu videogame em um negócio lucrativo — realmente lucrativo, um deles valendo, digamos, 7 bilhões de dólares.

Em 2002, Butterfield e alguns amigos fundaram uma empresa para construir um videogame multijogador baseado na web, chamado *Game Neverending*. Bom, o jogo acabou, mas um dos recursos — que permitia compartilhar fotos com outros jogadores — tinha poder de permanência. A tecnologia era incrível e, em 2003, o Flickr deu ao mundo um vislumbre do que viria a ser a Web 2.0. O Flickr acabou sendo vendido para o Yahoo! por mais de 20 milhões de dólares.

Depois de trabalhar no Yahoo!, Butterfield e sua equipe tentaram novamente criar um jogo multijogador baseado na web, chamado *Glitch*. Infelizmente, o jogo era estranho demais e não conseguia manter os jogadores engajados — o que é importante quando um jogo é baseado em ter muitas pessoas jogando ao mesmo tempo. Como Butterfield e seus três cofundadores moravam em lugares diferentes (dois em Vancouver, um em Nova York e um em São Francisco), eles usavam o Internet Relay Chat (IRC) para se comunicar. No entanto, como o IRC era uma tecnologia antiga (construída em 1989), começou-se a corrigir o programa para atender às necessidades da equipe crescente e distribuída. No final, eles tinham uma função de chat em grupo muito mais poderosa, que possibilitava conversas fáceis, rápidas e pesquisáveis dentro de uma organização, e que podia substituir até o e-mail.

Eles chamaram esse chat de *Slack*. É um produto incrível — com uma taxa de retenção de 93 por cento.

Criar para um público de uma pessoa só é uma estratégia de alto risco — pode resultar em um grande nada. No *Shark Tank*, vemos muitas ideias desse tipo que nunca decolam. Ou pode ser como o Flickr ou o Slack.

CAPÍTULO 4

COOPERE PARA INOVAR

Merrill Markoe provavelmente é um nome que você não conhece, mas, nos últimos quarenta anos, ela fez coisas que são bem conhecidas.

Markoe é uma talentosa escritora, de alma criativa. Escreveu dez livros e, quando a encontrei em sua casa em Malibu, ela estava trabalhando dia e noite na arte de um romance gráfico.

Porém, durante a maior parte de sua carreira, ela foi o gênio nos bastidores.

Markoe foi para Los Angeles no final dos anos de 1970 e se tornou pesquisadora e roteirista do programa *Laugh-In*. A certa altura, ela foi até o Comedy Store na Sunset Strip para fazer algumas piadas no palco. O "Store", como é conhecido no mundo da comédia, construía sua reputação como um espaço de comédia proeminente. Era frequentado por jovens talentos como Robin Williams, Richard Pryor, Jay Leno e Andy Kauffman. A abertura de Markoe foi "o tipo de piada surrealista absurda que você entende ou não entende":

> Eu era uma garota solitária. Não tinha um par para o baile de formatura, então meu pai fez meu irmão me levar. Deu tudo certo. Nós vamos nos casar. Temos uma casa no Valley. Vamos nos estabelecer e criar mutantes. Bem, não há mais nada para fazer lá mesmo.

Resultou em uma boa risada. Entretanto, Markoe não teve a presença de palco necessária para se tornar uma grande comediante de *stand-up*.

O Comedy Store também foi onde ela conheceu David Letterman. Ele não tinha problemas com a presença de palco. Tendo crescido em Indiana, adotou uma simplicidade do Meio-Oeste que deixava as pessoas à vontade antes de surpreendê-las com sua sagacidade e sarcasmo. Antes de se mudar para Los Angeles, era apresentador de um talk show no rádio e conseguia preencher horas com conversas improvisadas. Ele era um improvisador talentoso, mas um comediante de *stand-up* mediano. Isso mudou quando Markoe começou a escrever piadas para Letterman.

Juntos, eles criaram coisas incríveis.

A dupla começou em um programa matinal de TV — sessenta minutos, cinco dias por semana —, com Letterman apresentando e Markoe produzindo. Era seu trabalho garantir que tivessem conteúdo para preencher o tempo. E foi aí que ela criou muitos dos segmentos que mais tarde apareceriam no *Late Show*.

Markoe inventou o "Truques Bobos de Animais de Estimação" (por exemplo, pit bulls jogando boliche e cães boiadeiros pulando corda). Isso levou ao "Truques Bobos de Humanos" (por exemplo, uma mulher que faz seus olhos esbugalharem). Eles queriam adicionar "Truques Bobos de Bebês", mas perceberam que os pais não eram confiáveis.

Markoe era fantástica na criação de segmentos que exploravam os pontos fortes de Letterman. Ele não era um ator muito bom, então a dupla optou por não fazer os esquetes cômicos típicos que a maioria dos outros programas fazia. Em vez disso, ela usou as habilidades de conversação de Letterman, aprimoradas em seus anos no rádio, e o enviou às ruas para interações com estranhos. Essas se tornaram suas características entrevistas "Cidadão Comum" — improvisadas e não editadas, com erros gloriosos mantidos.

Markoe e Letterman namoraram por muitos anos. Mas sua parceria na comédia foi mais frutífera. Na época em que Markoe era a roteirista principal, o *Late Night with David Letterman* ganhou cinco Emmys de melhor roteiro. Muito bons sozinhos, eles se tornaram fantásticos juntos.

A boa comédia não é um trabalho solo — é uma colaboração.

O GÊNIO COLETIVO

O mito do gênio solitário é exagerado.

Ao reparar nas sombras do sucesso, quase sempre encontrará uma pessoa, nos bastidores, que ajuda a transformar o quase famoso em famoso. Essa pessoa especial (ou várias) contribui com habilidades essenciais nos bastidores.

Sem Neal Brennan, não haveria *Chappelle's Show*. Sem Larry David, não existiria *Seinfeld*.

Para David Letterman, a pessoa nos bastidores era uma garota chamada Merrill Markoe — sem ela, o *Late Night with David Letterman* não teria ganhado Emmys.

A colaboração funciona porque os colaboradores são semelhantes o suficiente para se entender, mas diferentes o suficiente para combinar suas habilidades de maneiras complementares — e divertidas. Isso também se aplica à ciência, à tecnologia e, claro, aos negócios.

No entanto, muitas pessoas esperam falsamente ser capazes de agir por conta própria — e então ficam desmotivadas quando falham. O mito do gênio solitário se enraíza de forma implacável e cria uma falsa narrativa que é contraproducente para a criatividade e a inovação.

Um ponto a ser esclarecido: os termos "criatividade" e "inovação" costumam ser empregados de forma intercambiável, mas não são sinônimos. A criatividade ocorre quando se chega a uma *solução original e apropriada* para um problema. A inovação ocorre quando se *executa essa solução*. Embora seja possível encontrar um gênio solitário (ou quase solitário) no lado criativo (ou seja, gerando uma ideia original), você quase nunca encontra um no lado da inovação (ou seja, dando vida à ideia). A inovação requer cooperação.

Para criar inovações revolucionárias, devemos rejeitar o mito do gênio solitário e aproveitar o poder do gênio coletivo.

INVENÇÕES DO MITO

A lenda de Thomas Edison foi alicerçada por uma grande equipe que trabalhou incansavelmente em milhares de possíveis invenções. Ele precisava de uma grande equipe, pois sabia que a maioria dos primeiros protótipos de qualquer invenção falharia. Edison acolheu o fracasso para descobrir o que *não* funcionava. Então, contratou um grupo grande o suficiente para explorar o máximo de soluções possível (veja só, terceiros pensamentos). Não nos lembramos das falhas de Edison. E certamente não nos lembramos de sua equipe.

O incrível retorno de Steve Jobs à Apple foi respaldado basicamente por três invenções incríveis: iPod, iPad e iPhone. Mentor do design, tudo em que tocava parecia virar ouro. Mas Jobs confiava nas equipes da Apple para executar sua visão.

Apesar de seu sucesso revolucionário, acredito que Steve Jobs teve sorte de atingir esse nível de êxito, pois perdeu oportunidades de promover o trabalho em equipe. Sei que isso é herético para as pessoas que o admiram, mas apresentarei um exemplo.

Imagine as complexidades de inventar o iPhone. Do hardware ao software, era uma tarefa de engenharia assustadora. Uma equipe de seis pessoas trabalhou em um ambiente desafiador e de alta pressão. Um dos membros engordou 22kg durante o desenvolvimento do iPhone, devido ao estresse e à falta de exercícios. Outro teve o azar de compartilhar o primeiro nome com Jobs: Steve Lemay. Isso causava problemas quando ele respondia às perguntas dirigidas a Jobs. Um dia, em um acesso de frustração, Jobs disse a Lemay que seu nome não podia mais ser Steve.

É muito fácil imaginar uma variedade de nomes alternativos que ele poderia usar: Steven, Stevesie, Steve-O, Lemay ou Champ. Todos aceitáveis. Mas não, Jobs não fez isso.

Ele declarou: "Você não é mais Steve. Agora é Margaret."

Foi o que Jobs disse a um membro-chave da equipe — um profissional essencial e de alto nível. Ele teve sorte de Lemay ser virtuoso. Mesmo sendo talentoso a ponto de poder trabalhar em qualquer lugar que quisesse, não mandou Jobs pegar seu emprego e ir para o inferno.

Apesar de explosões e excentricidades como essa, a Apple foi capaz de inventar o iPhone. Imagine o que Jobs poderia ter feito se tivesse um relacionamento um pouco melhor com seus colaboradores. Sem querer ofender.

GERANDO O GÊNIO COLETIVO

No início do livro, apresentei os três pilares da comédia: *stand-up*, esquete e improviso. Cada um tem sua própria forma de interação cooperativa.

IMPROVISO

Se você já viu um show de improviso no Groundlings, no Second City ou no Upright Citizens Brigade, sabe que geralmente há um improvisador que se sobressai no palco. Alguém que parece um gênio da comédia. Você sai de lá pensando: "Uau, essa pessoa é muito boa. Por que ela não larga esses palhaços e se junta aos melhores?"

Porém, se você assistir ao show repetidas vezes, o suposto gênio geralmente muda a cada semana. Isso faz sentido se você compreender a maneira como as equipes de improviso trabalham para criar uma cena — e, subsequentemente, uma comédia — do nada.

A estrutura de improviso permite níveis extremos de cooperação entre os membros. É um processo tão difícil, que existem regras explícitas e acordadas para aumentar a cooperação. Coisas como: "Sim e..."; "Pronuncie-se"; "Não sacaneie seu parceiro". Muitas dessas regras levam os atores a se subordinarem ao serviço da cena, fazendo o necessário para construí-la, criar uma tensão cômica e ajudá-la a avançar. Em determinada semana, quando alguém se destaca como gênio, isso acontece em grande parte porque seus parceiros de cena preparam o terreno. Assim como acontece com um ator de improviso, não é possível saber quem vai se sobressair em uma cena ou noite — incluindo você.

Como empresário, você deve ter ouvido falar do "Sim e". Essa regra de improviso tem circulado no circuito de negócios há vários anos. Criar uma cena divertida do nada — a base para o improviso — é realmente difícil. Exige que os artistas concordem (ou seja, "sim") e desenvolvam (ou seja, "e") as ideias uns dos outros.

Além de sua utilidade para o improviso e os negócios, essa é uma regra útil para a vida. Como já é conhecida, vamos além do "Sim e", para desenvolver o gênio cooperativo.

ESQUETE

O esquete é uma forma fundamental de escrita de comédia: criar cenas de dois a seis minutos com base em uma premissa divertida. Um grupo de esquete pode ter o mesmo número de roteiristas e atores (por exemplo, seis de cada), e cada roteirista será responsável por conduzir um esquete diferente.

Se você é o roteirista principal, pode desenvolver a premissa para o esquete (a ideia criativa), mas seus colegas roteiristas o ajudarão a arrumar a estrutura da história, elaborar as piadas e aprimorar os personagens. Em seguida, o roteiro é entregue ao diretor e aos atores que darão vida a ele. Portanto, mesmo que seja sua premissa e escrita, a execução do esquete depende das outras onze pessoas da equipe.

Barnet Kellman, vencedor do Emmy, é um diretor de *sitcoms* como *Murphy Brown*. Atualmente, ele codirige o programa de comédia da Escola de Artes Cinematográficas da USC. (Durante a escrita deste livro, fui um professor visitante nessa escola.) Kellman considera o diretor a "parteira da atuação do ator", um conceito que ensina a seus alunos. A seu ver, juntos, eles estão "tendo" um bebê. "O diretor está lá para criar um ambiente confortável e seguro; e instruir, tranquilizar e intervir apenas quando necessário." Isso ocorre porque até mesmo um ator genial precisa de uma ajuda reconfortante às vezes. E um diretor genial tem que deixar as pessoas fazerem seu próprio trabalho. Todo mundo tem uma função:

> Os atores atuam e pronunciam as falas. O roteirista escreveu o roteiro. A equipe de iluminação desempenha seu papel e outra pessoa filma. Meu trabalho é criar as condições em que todos possam dar o melhor de si, ao mesmo tempo que os oriento gentilmente na mesma direção.

STAND-UP

Um lobo solitário viaja pelo país e, sozinho sob os holofotes, conta as piadas que escreveu. O comediante de *stand-*

-*up* pode parecer a exceção à premissa de que a inovação requer colaboração.

Porém, até mesmo os comediantes de *stand-up* precisam de outras pessoas para inovar. Primeiro, eles costumam depender de outros comediantes para feedback e motivação. Quando não se conhecem, os comediantes se cumprimentam após um show, dizendo: "Bom repertório." Mas, quando são amigos, fazem uma autópsia aprofundada da apresentação, aprimorando o material.

E todo comediante de *stand-up*, até mesmo o mais parecido com um lobo solitário, precisa de um público. Só existe uma maneira real de saber se o objetivo foi atingido: o público está rindo? O público não é apenas seu cliente, mas um colaborador importante.

O comediante de *stand-up* está constantemente testando e refinando seu trabalho em microfones abertos — ambientes de baixo risco. Mas sua grande revelação é, em geral, um especial de comédia.

Para se preparar para um especial de comédia de uma hora, o comediante passa mais de um ano escrevendo, testando e aprimorando o material na frente de centenas de públicos. Os especiais de comédia, portanto, costumam ser muito refinados e arrancam gargalhadas consistentes da plateia. Agradeça àquelas milhares de pessoas dos públicos anteriores, pois há uma boa chance de elas terem gostado menos do repertório do que a plateia do especial.

O público é tão importante, que a comediante Maria Bamford procura oportunidades adicionais para testar piadas antes de seu show. Após chegar a uma cidade para uma série de apresentações de fim de semana, ela tuíta uma mensagem para os fãs locais perguntando se alguém quer assistir a um show "cara a cara" em um bar, com "comida e bebidas" por sua conta. Bamford usa esse tempo para melhorar seu material e observar a reação às suas piadas.

Um lobo solitário não paga as bebidas de um estranho.

TRUQUE DO SHANE

Não podemos ter medo de dizer às pessoas que as coisas estão ruins.

Na comédia, os conhecidos lhe dirão o que você quer ouvir, mas os amigos lhe criticarão com a verdade. O calor forja a espada. (Você logo descobrirá o quanto Pete gosta de metáforas de espada.)

Seus verdadeiros amigos não apoiarão seu pior trabalho, pois isso prejudica você e o público. É melhor tomar um chacoalhão sincero deles e melhorar a piada do que tomar um da plateia.

Você deixaria alguém ir a um encontro ou a uma entrevista de emprego com alface nos dentes e papel higiênico grudado no sapato? Pode ser desconfortável dizer a alguém que ele tem uma meleca no nariz, mas o mundo fica melhor quando você faz isso.

Um benefício adicional de superar sua relutância em criticar uma piada refere-se ao fato de que isso exige que o contador da piada pense mais profundamente sobre o quanto ele se importa e como pode melhorá-la.

Você não tem ideia do quanto discuti com Pete para manter essa alusão à meleca neste livro.

TRABALHO EM EQUIPE, TRABALHO DOS SONHOS

Del Close, um dos pais do improviso, costumava dizer: "Vocês são todos atores coadjuvantes." O improviso flui se cada ator apoia o outro, segue suas orientações, dá continuidade às suas ideias e oferece o necessário em uma cena. Portanto, mesmo os astros do improviso, como Amy Poehler ou Jimmy Fallon, parecem bem, pois as pessoas ao seu redor preparam o terreno para que eles brilhem como uma estrela no palco.

"Somos todos atores coadjuvantes" é consistente com um ditado tão comum, que se tornou um provérbio: "Se quer ir rápido, vá sozinho. Se quer ir longe, vá acompanhado." E pode apostar que isso se aplica a muito mais do que improviso.

NO SÉTIMO DIA, ELES DESCANSARAM

Trey Parker e Matt Stone foram o mais longe possível na comédia. Eles criaram uma série animada de televisão, vencedora do Emmy, da qual você já deve ter ouvido falar: *South Park*. Sua peça da Broadway, *The Book of Mormon,* ganhou nove Prêmios Tony. Caramba, eles até fizeram um filme incrivelmente engraçado, *Team America*, estrelando marionetes.

Vou repetir. MARIONETES. O que esses caras *não conseguem* fazer?

Ainda mais impressionante é que um episódio de *South Park* é feito em seis *dias*. Para efeitos de comparação, um episódio de *Os Simpsons* é feito em nove *meses*.

No meu podcast, conversei com o diretor de animação de *South Park*, Jack Shih. Ele esclareceu meu entendimento de quão rápido o show é feito. "Na verdade, são cinco (dias), pois nada é realmente feito no primeiro dia."

A equipe de *South Park* ultrapassa os limites. Shih ponderou: "Talvez possamos finalizar em quatro dias e meio." Nesse cenário, o "nós" são 75 pessoas, incluindo os contadores. Nada acontece sem dinheiro.

É um prazo tão apertado, que, quando alguém se levanta da mesa, Shih pergunta: "Para onde você está indo? Consegue terminar a tarefa antes de fazer xixi?" Ele não é severo; apenas sabe que cinco minutos são cruciais, pois muitos outros na equipe estão esperando a pessoa terminar para que possam prosseguir o episódio.[1]

---

1 Em 26 anos, a equipe de *South Park* perdeu apenas um prazo, devido a uma queda de energia de quatro horas.

É uma atmosfera intensa. Nem sempre é um lugar feliz, mas é um lugar onde as pessoas se dão bem — e precisam se dar bem.

Grupos criativos são como uma boa família — nem sempre concordam, mas existe uma afeição e a compreensão do bem comum. É normal ser um pouco teimoso, um pouco do contra, e você precisa pressionar para que as coisas sejam feitas. Mas também precisa ser cortês, agradecer às pessoas e ser gentil na maior parte do tempo.

No mundo da comédia, especialmente no improviso, não existe "Sou mais importante do que você". Somos todos atores coadjuvantes — e Trey Parker, Matt Stone *e* Jack Shih devem ser respeitosos e gentis o suficiente com as pessoas que apoiam.

Isso nos leva ao próximo elemento essencial da inovação.

NÃO SEJA UM BABACA

Embora seja divertido encontrar programas de TV em que os atores ou roteiristas se detestem, os grupos de sucesso quase sempre se dão bem. Seus membros são felizes, se divertem e têm um afeto genuíno um pelo outro. Como é difícil criar piadas com alguém que você detesta, grupos discordantes são mais comuns em dramas do que em comédias.

Mike Reiss é um roteirista de longa data e ex-*showrunner* de *Os Simpsons*. Ele me disse que, em todos os seus anos escrevendo para o programa, a equipe teve apenas um dia e meio ruim. Fora isso, as pessoas sempre se deram bem. Reiss compartilhou uma história sobre um roteirista difícil que foi chamado pelo *showrunner* e avisado de que precisava se dar bem com os outros ou seria demitido.

O roteirista falou: "Vou pensar sobre isso." E foi para casa.

Voltou no dia seguinte com sua resposta. "Conversei com minha esposa, e ela concordou que não consigo parar de ser um babaca."

Quem nos dera ter tanta sorte assim no amor.

Bob Sutton, professor de comportamento organizacional da Stanford, estuda os babacas. Ele documentou sua pesquisa em seus livros *Chega de Babaquice!* e *Como Conviver com Meu Idiota Favorito*.

Sutton me disse: "As evidências empíricas do custo de todas as ações dos babacas — intimidação, desrespeito, incivilidade — são irrefutáveis. Isso faz com que outras pessoas se retraiam."

Repetidas vezes, Sutton constatou que ambientes de trabalho positivos se beneficiam tanto da contratação de pessoas boas quanto da eliminação de pessoas ruins. O benefício de se livrar de um funcionário excelente, mas destrutivo, supera em muito o custo. Michael Houseman e Dylan Minor estudaram o custo de colegas tóxicos.[2] Eles usaram um conjunto de dados de mais de 50 mil trabalhadores para evidenciar que se afastar de um trabalhador tóxico (ou simplesmente minimizar sua toxicidade) aumenta a produtividade em um grau maior do que substituir um trabalhador médio por um trabalhador excelente (ou seja, alguém no um por cento da produtividade mais alta).

TRUQUE DO SHANE

Deixe-me falar sobre algo que acontece nos clubes de comédia dos EUA. O gerente do clube pergunta à equipe: "Quem devemos chamar de novo?" E adivinha quem os garçons sugerem?

Claro que a equipe quer comediantes que lotem o local e atraiam um público que dá boas gorjetas. Mas a equipe também escolherá os que são divertidos para sair depois do show, que tratam todos bem e que são agradáveis de ter por perto.

Verdade seja dita, quando parei de beber e de sair depois dos shows, perdi muitos trabalhos!

UM COMEDIANTE TEM DUAS FACES

Na década de 1950, o sociólogo Erving Goffman explicou uma dicotomia comum na maneira como as pessoas gerenciam suas vidas, usando os termos teatrais "palco" e "basti-

2 Houseman, M. e Minor, D. (2015). Toxic Workers. Harvard Business School. Artigo de Trabalho 16-057.

dores". Poucos se comportam em público da mesma forma que em privado. De certo modo, as pessoas se comportam como atores. Elas se envolvem em um comportamento de "palco" quando estão em público e sabem que os outros estão assistindo. Então, quando estão em um ambiente privado — nos bastidores —, revelam seu verdadeiro eu.

Goffman não definiu os bastidores como ficar sozinho ou em casa. Em vez disso, os bastidores da sua vida são simplesmente o lugar ou os lugares onde você sente que pode baixar a guarda, tirar a máscara pública e ser você mesmo. Pode ser em casa, no salão, no bar com melhores amigos ou no trabalho com seus colegas mais próximos.

Comediantes de sucesso podem ser incivilizados no palco, mas não vão muito longe caso se comportem dessa forma nos bastidores. Durante as pesquisas para o livro *The Humor Code*, conhecemos Chris Mazzilli, coproprietário do Gotham Comedy Club. Ele não se importa se você for um idiota no palco (desde que arranque risadas), mas não quer que você seja um idiota com o gerente do clube, os *bartenders* ou qualquer um de seus funcionários. Para ele, existem muitas pessoas talentosas. Por que trabalhar com um idiota talentoso quando se pode trabalhar com não idiotas igualmente talentosos?

Esse princípio fica bem claro quando analisamos as carreiras de vários comediantes respeitáveis — Bill Murray, Steve Martin e até David Letterman. Em seus setenta e poucos anos, eles ainda prosperam na indústria do entretenimento.

Mas não Chevy Chase.

Muitos conhecem Chase por sua atuação na série de filmes *Férias Frustradas*, seu humor pastelão no *SNL* e, mais recentemente, como um aluno não tradicional na faculdade comunitária na *sitcom Community*.

A persona de Chase no palco é muito parecida com o atrapalhado — mas sério — personagem Clark Griswald, de *Férias Frustradas*. Sua personagem nos bastidores, evidentemente, não é tão afável. De piadas raciais mal executadas a críticas polêmicas e até brigas — as notícias se espalharam e as pessoas não estão mais interessadas em contratá-lo.

Seja no palco, seja nos bastidores, é crucial ser solidário. Se você pode criar uma cultura em que todos são assim, tem a chance de construir algo especial.

AMIGOS EM CARGOS ALTOS (E BAIXOS)

Comediantes de *stand-up* precisam de tempo no palco. Isso significa que precisam de outros comediantes. Para ter oportunidades de praticar e testar novos materiais, eles organizam seus próprios shows e microfones abertos. Montam uma programação, convidam outros comediantes para se apresentar e reservam uma parte do show para si mesmos. Os anfitriões podem chamar outros comediantes que precisam de um tempo no palco, geralmente um *quid pro quo*. Quando os convidados organizarem seus próprios shows, retribuirão o favor.

Então, à medida que provam seu talento e fazem mais conexões, os comediantes são recomendados para *bookers*, clubes e festivais. O boca a boca e uma recomendação pessoal são muito úteis no mundo da comédia. Quando um *booker* tem um comediante de confiança indicando alguém — com a garantia de que, no palco, ele arranca risadas da plateia e, nos bastidores, consegue se dar bem com todos —, isso significa muito mais do que assistir a vídeos promocionais e escolher alguns números que se destacam.

Ter um amigo nos negócios faz muita diferença.

TRUQUE DO SHANE

Muitas vezes, um comediante ganha notoriedade dentro da indústria antes de ser conhecido fora dela. Quando comecei, recebi muito incentivo de outros comediantes e fiz muitos novos amigos. Fazíamos reuniões de redação e até integrei um grupo de esquete por um tempo. Os comediantes me garantiram minhas primeiras vagas em clubes de comédia de verdade. Eles auxiliaram minha primeira participação em um festival de comédia (Festival de Comédia de Boston). Foi aí que outro comediante me viu e me colocou no maior festival do país (Festival de Comédia de Aspen), no qual ganhei um prêmio, consegui representação e agendei meu primeiro comercial na TV.

Nunca se sabe como os relacionamentos podem beneficiá-lo. Finjo ser amigo de Pete há anos. NÃO tem sido fácil. Mas agora estou em um livro que tem *vários* leitores.

A essa altura, espero que esteja claro que é difícil ter sucesso sozinho. Você precisa dos outros. E isso pode significar que deve conhecer novas pessoas. Em suas instruções, a Ikea aconselha encontrar um amigo para auxiliar na montagem. Infelizmente, ela não diz como fazer amigos. Felizmente, há uma maneira de conhecer novas pessoas nos negócios.

Sim, estou falando sobre *networking*.

Se o conceito de *networking* o assusta, comece a encará-lo de forma diferente. Sarah Zaslow, pesquisadora de UX do Google, me ensinou a considerar o *networking* de uma nova maneira. No início de sua carreira, ela trabalhou com um colega que era o perfeito *networker*:

> ("Não", ele me disse.)
>
> Percebi, pela primeira vez, que um bom *networking* se trata mais de comunicar interesse e cuidado genuínos, entender o que as outras pessoas precisam e dar a elas antes (ou em vez de!) pedir o que você precisa. E que envolve ter várias interações durante um período de tempo e construir um relacionamento. Em outras palavras, se trata muito mais de amizade do que de manipulação ou "troca de favores". Em um nível pessoal, eu me sentia mais confortável com esse cenário. Afinal, sei ser uma boa amiga. Tenho praticado desde o ensino fundamental!

As pessoas não gostam de fazer contatos, mas gostam de fazer amigos. E fazer amigos é o que o *networking* realmente é: encontrar um ponto de conexão, enfatizá-lo e desenvolver uma relação a partir dele. O que é mais divertido do que discutir interesses comuns? Então, em vez de deixar o *networking* revirar seu estômago, trate-o como uma conversa sobre seu filme favorito com pessoas que pensam da mesma forma. Ou como Zaslow me ensinou...

Faça amigos de negócios.

Porém, você não precisa apenas de outras pessoas; precisa ser capaz de trabalhar em conjunto. Quando se trata de cooperação, há uma habilidade essencial tão óbvia, que muitas vezes é esquecida. Na verdade, só me dei conta quando um cooperador veterano a salientou.

ESCUTE AQUI

Como improvisador novato, tenho muito que aprender. A filosofia de que todos somos atores coadjuvantes é um conceito útil tanto no palco quanto fora dele. Simultaneamente, isso alivia a pressão (não tenho que fazer tudo sozinho) e aumenta a pressão (tenho sempre que dar o meu melhor para os outros).

Outro conceito essencial do improviso é chamado *presentear*. Um parceiro concede ao outro uma informação útil para a pessoa construir uma cena.

Por exemplo, imagine que seu parceiro fale: "Vou me encontrar com BJ para almoçar." Se você disser algo como

"Onde?", não adicionou nada à cena. Está apenas delegando mais trabalho: pense em algum local interessante para comer.

Mas imagine se você disser: "BJ é uma pessoa tão legal. Nunca entendi porque vocês dois terminaram." Você adicionou novas informações à cena — sobre seu parceiro, sobre BJ e até mesmo sobre você (o fato de não entender o motivo da separação). É um território mais fértil para desenvolver o "Quem; O quê; Onde" da cena.

Recebi Will Hines no meu podcast para falar sobre improviso. Ele é um improvisador com mais de vinte anos de experiência e professor do Upright Citizens Brigade. Compartilhei meu apreço pelo conceito de que "somos todos atores coadjuvantes" e minha opinião positiva sobre presentear. Fiquei surpreso quando Hines me interrompeu e disse: "Não, presentear não é tão importante."

Para Hines, presentear é como um passe picado no basquete: útil, mas não essencial. É eficaz para um improvisador novato, mas, quanto melhor você fica no improviso, menos depende dos presentes alheios. Como improvisador avançado, Hines não precisa deles para ter êxito. Se necessário, ele pode jogar a bola direto na cesta. Hines é tão bom, na verdade, que seus companheiros de equipe o testam com o oposto de presentear (o colocam em situações extradesafiadoras), pois querem vê-lo fazer sua mágica.

Então, qual é a habilidade essencial para improvisadores mais experientes? De acordo com Hines, é escutar — e isso é difícil de contestar.

Ouvir é como a capacidade atlética no basquete. Você não vai muito longe sem ela.

Um bom improvisador escuta o que seus colegas dizem — o que é difícil quando você está pensando no que está prestes a dizer.

Um bom improvisador também escuta de que seus colegas precisam, para que possa apoiá-los. Precisam de alguém para prosseguir a ação? Estão exaustos e precisam de uma maneira fácil de sair da cena?

Um bom improvisador também escuta do que a cena precisa. Mais tensão? Uma palhaçada? Algo humano e emocional para tornar a ação mais identificável?

Quando você está no meio da criação de uma cena, é difícil pensar no que se deve fazer e prestar atenção em todos os outros. Lembre-se, o mais incrível do improviso é que ele é feito na hora. Os improvisadores elaboram sua fala uma fração de segundo antes de pronunciá-la.

Mas escutar é o ato no qual o trabalho mais profundo acontece — o trabalho que acarreta um progresso real.

ESCUTANDO PARA AGORA E PARA DEPOIS

Escutar é mais do que usar os ouvidos. É prestar atenção. Existem dois tipos de escuta ativa.

Escutar *para agora* é ouvir no presente, o que auxilia o improviso, o ajuste em tempo real e a adaptação. Escutar *para depois* é ouvir no futuro, o que ajuda no planejamento, na estratégia e na dinamização.

Escutar para agora

Apresentar-se para um público possibilita o feedback instantâneo. O público é como seu colega de equipe, e vocês dois colaboram para criar o melhor show possível. Alguns comediantes aproveitam esse feedback para shows no futuro, e outros o utilizam para elaborar o show no presente.

A lenda da comédia, George Burns, fumou um charuto no palco. Era uma ferramenta. Após finalizar uma piada, ele desfrutou do charuto enquanto o público ria. Isso deu-lhe tempo para escutar e pensar no que queria dizer a seguir. Não há pausa constrangedora quando se sopra suavemente a fumaça de um charuto.

O comediante australiano Wil Anderson (que você conhecerá no Capítulo 6) não usa mais um repertório em seus shows de *stand-up*.[3] Ele acha que o repertório bloqueia seu

3 O repertório da comédia é semelhante ao de um show: ele lista as piadas que um comediante contará e em que ordem vai contá-las.

material e quer liberdade para ajustá-lo na hora, de acordo com o público.

> Não quero começar a falar que detesto ir à academia e, de repente, descobrir que estou em uma sala cheia de pessoas que amam ir à academia — e ainda ter quatro minutos e meio de piadas sobre o assunto. Agora estou progredindo na minha carreira tudo o que nunca progredi na academia.

O comediante Todd Barry remixou o *stand-up* como improviso em sua Crowd Work Tour. Se você já assistiu a um *stand-up*, viu a interação com o público. Geralmente começa quando o comediante faz uma pergunta a alguém na primeira fileira. "De onde você é?"; "Vocês dois estão juntos?"; "Por que está usando um casaco de inverno aqui dentro?" Barry criou todo o seu repertório conversando com a plateia e inventando piadas na hora. A interação com o público exige escutar o que o membro do público está dizendo, escutar como o restante do público está reagindo a essa interação e escutar a chance de fazer piadas com referência a piadas já feitas por outros comediantes.

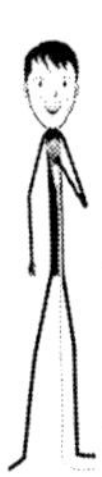

TRUQUE DO SHANE

Grande parte dos comediantes começou apresentando seu material memorizado seguindo o roteiro à risca. A comédia é difícil e, no início, a maioria quer fazer tudo perfeitamente. Isso, no entanto, pode parecer robótico e artificial. Assim que um comediante se sente confortável o suficiente, ele abre a possibilidade de sair do roteiro. Demorei anos para começar a evitar minhas piadas planejadas, mas essa mudança me ajudou a ser um artista mais dinâmico e flexível. Agora, em vez de falar para o público, eu falo com o público. Considero-o um amigo com quem compartilho histórias ao redor de uma fogueira. É muito mais genuíno e possibilita uma conexão em um nível mais pessoal.

Se você não acredita em mim, leia o parágrafo anterior na voz do C3PO.

Escutar para depois

Nem tudo pode ou deve ser uma observação imediata. Muitas coisas exigem planejamento e estratégia para ser as mais eficazes possíveis.

A comediante Janae Burris faz questão de "escutar" seu público antes do início de cada show. Ela observa a plateia para ver quem está lá e o que está vestindo. Repara se as pessoas estão bebendo cerveja ou martínis. Presta atenção nas pistas para escolher o material que melhor se adapta aos gostos e ao humor do público.

Os Irmãos Marx também sabiam muito bem como ajustar o material. Um dos maiores exemplos de uma carreira de comédia respeitável, seu trabalho abrangeu o vaudeville, o teatro, o cinema. Cinco de seus treze filmes estão na lista dos cem melhores filmes de comédia do American Film Institute.

Embora os filmes sejam o maior sucesso dos Irmãos Marx, nem tudo correu bem. O grupo lançou seus primeiros cinco filmes com a Paramount Pictures. O quinto foi *Diabo a Quatro,* considerado por muitos críticos o melhor filme de comédia de todos os tempos. Conversei com Steve Stoliar, que, no final da vida de Groucho Marx, foi seu assistente e autor do livro *Raised Eyebrows.* Ele me contou como os irmãos faziam seus filmes:

> Os irmãos estavam acostumados a contar piadas para o público de teatro e, enquanto estavam no palco, naturalmente pausavam até que as risadas diminuíssem. Mas, sem pistas do público, eles faziam muitas piadas rápido demais em seus filmes. Bang. Bang. Bang. O público do filme perdia as piadas, pois estava rindo das anteriores.

Diabo a Quatro ficou abaixo do esperado nas bilheterias, e a Paramount não renovou o contrato. Os irmãos cogitavam a possibilidade de voltar à Broadway, onde o público os apreciava e não os criticava, como os estúdios faziam. É nesse ponto que fica interessante:

> Irving Thalberg, que dirigia a MGM (estúdio de cinema) nos anos de 1930, estava jogando bridge com Chico (um dos irmãos Marx) e disse a ele: "Eu posso fazer um filme com você e seus irmãos que exigirá metade das risadas e dará o dobro de lucro."

Os Irmãos Marx toparam. Antes das filmagens, Thalberg os colocou em turnê para apresentar algumas das cenas ao vivo. Ele queria garantir que as risadas estivessem bem sincronizadas com as cenas e que nenhuma das piadas fosse abafada pela risada da piada anterior. Stoliar me contou mais sobre o processo.

> O estúdio colocou os roteiristas na plateia para fazer anotações: essa piada rendeu boas gargalhadas, essa não foi muito boa. Eles revisaram o diálogo e deixaram espaço para as risadas de tal forma, que, se você assistir *Uma Noite na Ópera* sozinho, parece lento, pois há momentos em que Chico e Groucho se entreolham após falarem, e não é porque se esqueceram da fala seguinte, mas, sim, porque deixam espaço para o riso do público.

Os filmes dos Irmãos Marx com a MGM foram os melhores em termos de valor de produção e ritmo. Ao escutar mais, eles obtiveram seus lucros mais elevados.

COLOCANDO AS ORELHAS PARA TRABALHAR

Escutar é um caso específico de prestar atenção. Obviamente, essa prática também se aplica aos negócios.

O guru de negócios Simon Sinek conta uma história sobre as renomadas habilidades de liderança de Nelson Mandela. O líder-gerente-CEO-pai-coach médio apresenta uma solução para um problema e pergunta o que o grupo pensa sobre essa solução. Mandela, não. Ele expunha o problema e perguntava às pessoas do grupo o que achavam que ele deveria fazer. Mandela tomava sua decisão só depois que todos tivessem a chance de falar, e ele, de ouvir.

Quando assumiu o cargo de reitora da Leeds School of Business, da Universidade do Colorado, Sharon Matusik queria descobrir como tornar os graduados mais empregáveis. Então, ela fez um tour de escuta pelo Colorado, perguntando aos fundadores e líderes das empresas startup e Fortune 1000: "Qual é o futuro dos negócios e o que é necessário para liderar em seu setor?" Sem surpresa, muitos dos temas principais eram coisas que os comediantes fazem bem: habilidades de comunicação, pensamento crítico, coragem e resiliência, aprendizagem com a experiência e... colaboração.

Matusik voltou ao campus com o objetivo de incorporar esses tipos de habilidades em um currículo focado na aprendizagem experiencial.

Escutar também é muito útil para empresas. Muitas vezes, as linhas de produtos são tão maduras, que as empresas não conseguem encontrar novos clientes, por isso buscam feedback dos clientes existentes para encontrar maneiras de atendê-los melhor. A forma típica de fazer isso é com um grupo focal de alguns clientes tradicionais. Mas há uma grande quantidade de dados que as empresas podem explorar em busca de boas ideias. As avaliações da Amazon — nas quais os clientes compartilham os prós e os contras — são um bom exemplo.

Alguns produtos têm uma penetração de mercado tão elevada, que qualquer pessoa que precise deles os tem à disposição. No caso do papel-alumínio, por exemplo, não se trata de fazer com que as pessoas comecem a usar o produto; é uma questão de fazê-las usar *mais* o produto, de novas maneiras. Por exemplo, a Arm & Hammer recorre a seus clientes para executar essa estratégia para seu bicarbonato de sódio. A fim de celebrar a engenhosidade de seus clientes, a empresa lançou o "More Power To You", que os convidava a enviar um novo uso do produto junto com uma reconstituição do logotipo do Baking Soda Arm & Hammer (um "braço com o muque à mostra"). As pessoas enviaram uma grande variedade de novos usos, incluindo "Slime Fluorescente, inspirado por Annabelle", "Ovos de Dinossauro, inspirado por Ava" e "Duplique seu Estoque, inspirado por Walter White".

Brincadeira. Heisenberg nunca adulteraria suas drogas.

COMPLEMENTAÇÃO

Ter uma equipe que apoia e escuta ativamente é incrível, mas é importante dar um passo para trás e analisar as pessoas que a compõem — elas têm as habilidades essenciais necessárias para ter sucesso?

As três principais funções de um CEO são: 1) fazer previsões grandes e ousadas sobre para onde a empresa precisa ir (estratégia); 2) contratar as pessoas certas e definir o *mindset* da empresa (cultura); e 3) obter o capital para executar a estratégia e implementar a cultura (finanças).

Ao criar a cultura, os fundadores, os CEOs e os gerentes intermediários tendem a contratar pessoas semelhantes a eles, pois é mais fácil conviver com elas. Infelizmente, isso não maximiza os resultados. No mundo da comédia e dos negócios, a diversidade é extremamente importante. Ser diferente possibilita a complementação — a mágica feita quando os opostos se somam.

Lorne Michaels, criador do *Saturday Night Live,* busca ativamente a complementação. Em seu livro de memórias *Bossypants,* Tina Fey descreve a maneira como ele monta uma equipe de redação. Ao reunir os comediantes da Harvard Lampoon (do tipo inebriantes, enigmáticos, que escrevem piadas) com os comediantes do estilo colarinho azul de Chicago (melhores contadores de histórias), ele consegue um produto superior e com apelo mais amplo.

UM PIRATA, UM ROBÔ E UM NINJA ESTAVAM INDO PARA O BAR...

Billy Merritt, improvisador e professor do Upright Citizen's Brigade, criou uma taxonomia de estilos de improviso chamada "Pirata Robô Ninja". Então ele e Will Hines (o cara que "escuta") escreveram o livro *Pirate Robot Ninja: An Improv Fable.*

De acordo com Merritt, os piratas não têm medo. "Eles chegam primeiro, fornecem o estímulo e a energia."

Will Hines diz que Melissa McCarthy é uma pirata:

> Ela é impulsiva, enérgica, divertida, travessa, perigosa e ousada. Ninguém sabe qual é seu verdadeiro processo interno, mas essa é a energia que ela emite. Ela parece alguém que entraria em uma situação sem medo e improvisaria uma saída. É uma pirata.

Os robôs, por outro lado, são mais... bem, mecânicos. Merritt explica desta forma:

> O robô analisa as coisas e decide o que precisa ser feito. Ele percebe o padrão e cria o padrão, faz as conexões, adiciona todas as cores para a cena e a torna eficaz. A escada, por assim dizer, a voz da razão, o justificador.

Will Hines diz que Anthony Jeselnik é como um robô:

> Comediantes de *stand-up* tendem a ser robôs. Os pensadores, os escritores, eles querem saber as regras. Querem saber antes de dar um passo. Querem saber como vai valer a pena no final, mas também são bons em lembrar de tudo, dar um propósito às coisas, encontrar padrões e rotular o que está acontecendo. Eles tendem a ser observadores.

Se só há piratas no grupo de improviso, é uma bagunça. Merritt diz que uma equipe composta apenas de piratas é equivalente a "um monte de tornados no palco". Eles não têm uma boa memória, e a cena sem dúvida descarrilhará. Mas se só há robôs no grupo de improviso, a cena não vai disparar. Ambos são necessários.

O nível seguinte é o ninja — uma pessoa que domina os dois papéis e pode preencher qualquer função que esteja faltando.

Merritt recomenda descobrir se você é um pirata ou um robô. "Você é mais impulsivo? É mais analítico? Assuma a responsabilidade. Trabalhe o seu outro lado até encontrar o equilíbrio e, então, torne-se o ninja, o improvisador supremo."

CRIANDO A COMPLEMENTAÇÃO NA COMÉDIA

O *Chappelle's Show* se beneficiou da complementação de Dave Chappelle e Neal Brennan. Ter uma equipe cocriadora multirracial permitiu-lhes abordar as relações raciais de uma forma inovadora. A dupla dinâmica era composta de pirata (Chappelle) e robô (Brennan).

Nos dias modernos, uma dupla dinâmica aparece nas performances de dueto, originadas no vaudeville norte-americano e nos music halls britânicos. Ela conta com dois artistas — um "escada" e um "palhaço" — que são tão contrastantes, que geram a premissa para todos os tipos de interações cômicas.

Essa dupla contrastante também aparece em outras culturas. O pilar da comédia japonesa é o *manzai* — equivalente à comédia de dueto. No *manzai,* há o parceiro-escada, ou *tsukkomi,* que troca piadas e dá uns tapas no *boke,* o parceiro palhaço. Na China, a tradicional performance cômica *xiangsheng,* ou crosstalk, é mais comum do que o *stand-up.* É um diálogo entre dois artistas.

Ao longo dos anos, algumas das duplas de comédia mais famosas incluem:

- Lucy e Ricky
- Laurel e Hardy
- Abbott e Costello
- Martin e Lewis
- Laverne e Shirley
- Jay e Silent Bob
- Mauss e McGraw

COMPLEMENTAÇÃO NOS NEGÓCIOS

A abordagem de Lorne Michaels para a equipe de redação é igualmente importante nos negócios, desde a menor startup até a maior empresa Fortune 500. A pesquisa sobre os benefícios de uma força de trabalho diversificada é impressionante. Uma variedade de perspectivas e estilos de personalidade acarretam melhor resolução de problemas e maior criatividade.

Shane Snow, autor de *Dream Teams*, define bem esse aspecto: "Duas cabeças pensam melhor do que uma, se virem as coisas de forma diferente."

Anita Woolley, professora de comportamento organizacional na Universidade Carnegie Mellon, realizou um estudo fascinante sobre como criar equipes de alto desempenho no local de trabalho.[4] O pensamento convencional é: para formar equipes mais inteligentes, é preciso preenchê-las de trabalhadores mais inteligentes. O principal critério é a inteligência geral (chamada de *G* no mundo da pesquisa) de cada trabalhador. Contrate os melhores e, juntos, eles formarão uma superequipe.

O que o laboratório de Woolley descobriu, no entanto, contradiz essa sabedoria convencional. Equipes compostas de pessoas "muito inteligentes" nem sempre têm o melhor desempenho. A inteligência G individual não foi o melhor indicador do sucesso da equipe. Ao que parece, não são apenas os atributos individuais das pessoas que são importantes, mas também o quão bem eles funcionam juntos. Woolley constatou que C — a inteligência coletiva — previa melhor o desempenho da equipe do que a soma de G — a inteligência individual dos membros. Uma equipe composta apenas de pessoas inteligentes (pessoas com alto G) pode ser muito unidimensional. E as equipes muito unidimensionais nem sempre têm o melhor desempenho.

4 Woolley, AW, Chabris, CF, Pentland, A., Hashmi, N. e Malone, TM (2010). Evidence for a collective intelligence factor in the performance of human groups, *Science*, 330, 686-688.

Sua pesquisa revelou que equipes com mais mulheres do que homens têm desempenho acima da média devido à necessidade de percepção social na dinâmica de equipe, o que as mulheres geralmente fazem melhor do que os homens. No entanto, essa melhoria de desempenho acontece principalmente quando as mulheres entram em equipes exclusivamente masculinas. Quando uma equipe é formada apenas por mulheres, o desempenho se estabiliza. Ter um único tipo é ruim.

Se você só contratar pessoas semelhantes com base no mesmo critério — ainda que esse critério seja a inteligência —, pode acabar tendo uma equipe unidimensional. Isso poderia funcionar se os negócios fossem como o beisebol, em que os jogadores praticamente agem de forma individual e você apenas complementa o seu desempenho. Nesse caso, valeria a pena investir muito dinheiro para contratar todos os astros possíveis e montar um "time dos sonhos".

Porém, os negócios não são como o beisebol. São mais parecidos com o basquete, em que é útil todos pegarem a bola — mesmo que alguém acabe arremessando-a.

QUER DANÇAR?

Com 267 mil funcionários em todo o mundo, a Pepsi é um dos locais de trabalho mais diversificados. Muitos presumiriam que a empresa saberia como se conectar a uma população diversificada. No entanto, seu comercial com a supermodelo Kendall Jenner sugere que uma mulher atraente de pele clara compartilhando um refrigerante com um policial pode resolver as relações raciais e a brutalidade policial. Amplamente criticado como insensato, os críticos perguntaram, com razão: "Como esse comercial foi aprovado?" A Pepsi precisava obter mais feedback de um público mais diverso — a empresa precisava escutar.

A diversidade é claramente necessária para a complementação, mas é importante não focar somente isso. Para colher os benefícios da diversidade, este é outro passo crucial: a inclusão. Mas a inclusão é, muitas vezes, ignorada, como estudou Stefanie Johnson, minha colega da Universidade do Colorado, o que pode levar até mesmo os mais diversos locais de trabalho ao fracasso.

A diversidade é o resultado das decisões de contratação, mas a inclusão é o resultado da cultura. As empresas de sucesso escutam seus funcionários, principalmente se eles discordam do processo ou têm um feedback crítico. Embora "disposição para dar feedback", "abertura" e "honestidade" possam ser requisitos de contratação, o melhor é internalizar esses *mindsets* na cultura da empresa. Isso é o que os acadêmicos chamam de "segurança psicológica".

No entanto, se acharem que não serão ouvidos ou temerem a punição por dizerem algo impopular, os funcionários não se manifestarão. E então não há inclusão.

Lembre-se de que a cultura da empresa começa com o CEO. É importante incentivar o feedback e expressar gratidão quando outros discordarem. Não confunda essa atitude com ser simplesmente educado. Deve haver franqueza sem consequências.

Verna Myers, vice-presidente de estratégia de inclusão da Netflix, descreve melhor essa questão:

> Diversidade é convidar para a festa. Inclusão é chamar para dançar.

A verdadeira inclusão é diversidade + apoio + escuta. E a inclusão é o segredo para a complementação.

Inclusão animada

Fazer um filme é difícil. Os cineastas procuram despertar emoções, apresentar experiências estéticas agradáveis e criar enredos envolventes. *Tudo* precisa dar certo, e isso raramente acontece. Ainda assim, a Pixar teve inúmeros sucessos consecutivos, de *Toy Story* a *Procurando Nemo* e *Viva – A Vida é uma Festa*. Os especialistas da Pixar se preocupam muito com a criação de segurança psicológica em sua empresa, promovendo um lugar que não tolera intimidações e incivilidade. Sem esse tipo de ambiente, o primeiro passo crítico no processo da Pixar — revisar as primeiras versões dos filmes e fazer apontamentos — seria impossível. Qualquer pessoa na empresa pode dar feedback, desde um dublador até um zelador.

A liberdade de compartilhar seus pensamentos e suas opiniões sobre o trabalho, sem ter vergonha ou medo de consequências, é o que faz toda a diferença para que as pessoas desempenhem melhor suas funções.

Inclusão saudável

Outra empresa que dá exemplo de diversidade *e* inclusão é a Medtronic. Uma empresa global com escritórios em quatro continentes e sediada em Minneapolis, ela inventou dispositivos médicos como marca-passos e bombas de insulina. Embora pareça uma empresa gerida por robôs, tudo gira em torno de humanos.

Conversei com Kamrin Helland, diretora de marketing global, sobre como a empresa busca a diversidade. Eles realizam as práticas típicas de procurar candidatos com experiências diversas. E apoiar os funcionários é um dos seis princípios da declaração de missão original da empresa.

Porém, a Medtronic se destaca mais na inclusão, principalmente na forma como escuta seus clientes. Por exemplo, a empresa realiza regularmente pesquisas de engajamento para verificar possíveis problemas. O interessante é o que acontece após a identificação de um problema. Em vez de a equipe de liderança dizer como resolvê-lo, a empresa cria "círculos de cultura" para descobrir soluções. Além disso, a Medtronic permite que os funcionários formem grupos de recursos com base na cultura, etnia, religião, orientação sexual, deficiência e condição de veterano.

Além de arrasar nas finanças, a Medtronic entrou na lista dos "25 Melhores Locais de Trabalho Multinacionais do Mundo" do Great Place to Work Institute.

IMPLICAÇÃO: O MESTRE DA ENERGIA

A complementação não acontece por acaso. Ela é a reunião de habilidades específicas, de maneira que acarrete a maior eficácia possível. Cada parte soma às outras.

A falha na complementação pode levar à autossabotagem. Por exemplo, quando uma empresa tem um grande problema para resolver, ela reúne pessoas inteligentes (com diversas perspectivas, espera-se) para trabalhar juntas na solução.

Conheça Ethan Decker, presidente da Applied Brand Science.

Na época em que trabalhava no mundo da publicidade, ele era frequentemente convidado para organizar sessões de solução de problemas. Como um facilitador e moderador habilidoso, ele é bom em criar exercícios e workshops para resolver problemas de negócios. Esse grupo de pessoas talentosas costuma se encontrar em uma sala corporativa, com cadeiras de escritório ao redor de uma mesa retangular, sob luzes fluorescentes brilhantes.

Há pouca ou nenhuma decoração nas paredes (para dar espaço a quadros e notas adesivas). Não há luz natural — não há janelas, ou as cortinas estão fechadas para que as pessoas possam ver melhor a apresentação de slides na tela. E há poucas opções de comida e bebida. Então, o grupo é solicitado a pensar livremente, ser vulnerável e colaborar para encontrar soluções brilhantes.

Decker já esteve em muitas dessas reuniões, e você também. Hoje em dia, ele considera seu principal trabalho a criação de um ambiente melhor para que as pessoas colaborem.

Ele abre as cortinas para deixar a luz natural entrar. Distribui água e outras bebidas. Oferece lanches saudáveis. Encoraja as pessoas a se levantarem e se movimentarem. Leva casacos e até cobertores ou cachecóis, caso alguém ache a sala muito gelada. (As temperaturas do escritório geralmente são ajustadas para acomodar os homens, que tendem a sentir "mais calor" do que as mulheres e que costumam usar mais peças de roupa no trabalho. Como ternos e coletes de lã.) Ele liga a música durante os intervalos — não apenas para melhorar o clima, mas para incentivar uma conversa: a música fornece um som ambiente para que as conversas paralelas tenham um pouco de privacidade. E, enquanto as pessoas conversam ou cantarolam com a música, ele limpa a sala para que pareça menos uma república após uma festa.

Todas as ações de Decker criam um contexto no qual o grupo pode ser mais produtivo. Sua atenção em criar um ambiente para que a equipe prospere é um ótimo exemplo de liderança servidora. Ele se preocupa tanto com a energia na sala quanto com o conteúdo que precisam abordar.

O mestre de cerimônias se transforma em mestre da energia.

DESENVOLVA SEU TRUQUE

A seguir, há algumas maneiras de melhorar sua cooperação.

MONTE SUA EQUIPE

Lembre-se de que não existe gênio solitário. Você precisa da genialidade alheia, e o ato de cooperar para inovar começa no topo. Os líderes devem reunir as pessoas certas e apoiá-las para que deem o melhor de si. Só assim é possível fazer algo épico.

Identifique as pessoas necessárias para ter sucesso. Questione-se:

- Sou um pirata ou um robô? A partir daí, você pode reconhecer suas falhas e tentar melhorá-las. Você também pode procurar os membros complementares ideais em sua equipe.
- Quem é minha Merrill Markoe? Ou quem é meu David Letterman?

- Há um trabalhador tóxico na equipe? Quem é? Se não conseguir identificá-lo, atreva-se a perguntar: *Sou eu?*

Lembre-se de que o benefício da diversidade só ocorre quando há inclusão. Seja inclusivo.

SEJA UM COLEGA DE EQUIPE MELHOR

No contexto da sua carreira, escutar é difícil, por alguns motivos. Primeiro, quase todo mundo quer parecer inteligente em uma reunião. O impulso é se manifestar e apresentar "a resposta". É bom se exibir e ser o único com a solução. Se você recuar e escutar, outra pessoa pode receber toda a glória. E, quando você apresenta uma solução, não quer ouvir nenhuma opinião contrária, então acaba ignorando o feedback. Alguém pode discordar e você terá que mudar de ideia.

Seja honesto: você é bom em escutar? Use a seguinte escala:

> __ OK.__ Ruim.__ Terrível.__ Terrivelmente péssimo.__ O que você disse?

E se você planejar sua escuta com a mesma intenção com que planeja o que diz?

- Em uma reunião, pergunte-se: posso aguardar até que todos falem?
- Faça um plano para não expressar sua opinião até que __________.

- Ao fazer *networking*, encare-o como se estivesse em uma festa conhecendo pessoas interessantes.
- Torne-se um mestre da energia: chegue antes, prepare a sala e leve chocolate.

Lembre-se de que o benefício da diversidade só ocorre quando há inclusão. Seja inclusivo. (Sim, já escrevi isso. É muito importante. Vamos repetir apenas por diversão: *Lembre-se de que o benefício da diversidade só ocorre quando há inclusão.*)

ANDE NA CORDA BAMBA

Como leitor, talvez você perceba o paradoxo que estou criando: destrua o status quo sem hesitar! Coopere para executar e inovar! Ambas as sugestões são válidas — e, se aproveitá-las, você será invencível.

Em ambos os casos, o denominador comum em sua carreira (e vida) é você. Mais do que o talento, o que fará a diferença é a sua ética de trabalho intencional. Nos próximos capítulos, focaremos os comportamentos específicos que você, como indivíduo, pode manifestar — comportamentos que influenciam diretamente o degrau alcançado na escada de sucesso escolhida.

FORA DA CAIXA: O SUCESSO DEPOIS DE MIL FRACASSOS

Vaudeville é a epítome da startup enxuta. Os comediantes testavam suas piadas, descartavam as que não funcionavam e melhoravam as que funcionavam. Os *stand-ups* modernos fazem a mesma coisa. Eles fracassam rápido. Lançam seus primeiros protótipos para o público-alvo, recebem o feedback e fazem iterações para melhorias.

MANTENHA O NÍVEL BAIXO

Os fracassos são bons, mas devem ser mantidos em um nível seguro. Os comediantes nunca testam uma nova piada durante a gravação de um especial de comédia. Quando chegam ao grande palco com seis câmeras ligadas, eles já sabem quais piadas funcionam e quais não. Isso inclui a interação com o público, que, embora seja improvisada, é muito bem explorada e praticada de forma intensa.

Quando Jay Leno comandava o *Tonight Show*, costumava apresentar um número no Comedy and Magic Club, em Hermosa Beach, todo domingo à noite. Assumia o microfone com cartões de anotações e testava piadas que usaria em seu monólogo na semana seguinte. As piadas boas tinham maior probabilidade de ir ao ar; as não tão boas, ele revia ou abandonava.

Começar com uma prova de conceito ajuda a testar ideias para garantir que você esteja no caminho certo, antes de investir muito tempo, dinheiro e energia. A premissa do programa *It's Always Sunny in Philadelphia* veio de uma cena filmada em uma câmera de baixa qualidade em um apartamento. Custou 85 dólares.

FRACASSO NO TESTE, FRACASSO NO LANÇAMENTO

Infelizmente, muitas empresas não se preocupam em testar enquanto as apostas são pequenas. O resultado é que, quando fracassam, geralmente o tombo é grande. Os CEOs citam a famosa frase de Henry Ford como um mantra. "Se eu tivesse perguntando aos meus clientes o que eles queriam, teriam me dito um cavalo mais rápido." Embora essa citação seja a mais famosa atribuída a Henry Ford, talvez seja melhor adequar o pensamento. Não há evidências de que Ford de fato disse isso.[5]

Os CEOs também gostam de citar o sucesso da Apple no lançamento de produtos inovadores. Assim como Ford, Steve Jobs é elogiado como alguém que não escuta seu público; ele o lidera. É comum ouvir a seguinte frase atribuída a Jobs: "É muito difícil criar produtos usando grupos focais. Muitas vezes as pessoas não sabem o que querem até que você mostre a elas." Ele conseguiu esconder o desenvolvimento do iPod, do iPad e do iPhone até finalmente

5 Atribui-se a Ford também outra citação sobre o Modelo T, a qual mostra que ele não era tão centrado no cliente quanto os fabricantes de automóveis subsequentes: "O cliente pode ter o carro da cor que quiser, contanto que seja preto."

revelá-los em grandes eventos de lançamento com muito estardalhaço.

No entanto, Apple e Ford são exceções que comprovam a regra. Temos tantos exemplos de estrondosos fracassos de lançamento (Segway, One Laptop Per Child) quanto de sucessos. Por exemplo, o Google manteve segredo sobre o "revolucionário" Google Glass e nunca de fato testou o produto com seu público-alvo. Então, em 2014, seu lançamento para o mundo foi um fracasso espetacular. A tecnologia funcionava, mas ninguém gostou. O produto, que aumentava a realidade e permitia aos usuários interagir com a internet por meio de um par de óculos, acabou sendo terrível de duas maneiras: a primeira era a forma como a pessoa agia usando os óculos: os usuários foram carinhosamente apelidados de "zero-olhos"; a segunda, uma preocupação de privacidade — ninguém queria ser filmado sem saber.

Na verdade, CEOs e outros gerentes interpretam mal a citação de Henry Ford. Os clientes sempre indicarão a necessidade que precisa ser satisfeita. Na época de Ford, as pessoas queriam ir do ponto A ao ponto B *mais rápido*. Cabia ao empresário descobrir como criar um carro para substituir o cavalo.

E, assim como a citação de Ford, a história de Steve Jobs e da Apple também não é tão simples. Um processo judicial entre a Samsung e a Apple revelou que a Apple conduziu toneladas de pesquisas de mercado para entender melhor seu público, sua concorrência e seu mercado. É verdade que Jobs não fazia só o que os clientes pediam. Mas ele ouvia suas frustrações com as opções atuais e então inventava soluções para elas.

Quem mexeu no meu suco de laranja?

Veja outra história chocante sobre a importância dos testes no mercado. Em 2009, a Tropicana quis atualizar suas embalagens. Ela contratou um famoso estilista de Nova York, o tipo de homem que usa lenços de seda e cita Leonardo da Vinci quando fala de latas de refrigerante. O novo design foi radical. Substituiu a imagem consolidada do produto ("Tropicana" em negrito e um canudo enfiado em uma laranja suculenta). A laranja se foi e o logotipo foi virado na vertical, em uma nova fonte.

A nova embalagem foi anunciada com grande alarde para a imprensa. E foi acompanhada por uma cara campanha publicitária. Mas, quando as novas embalagens chegaram às prateleiras, as vendas caíram vinte por cento.

Lembra-se de Ethan Decker, nosso mestre em energia e presidente da Applied Brand Science? Ele afirma que a pesquisa de mercado pode ter tanto causado o problema quanto ajudado a evitá-lo.

Como uma marca de 1 bilhão de dólares, é improvável que a Tropicana tenha pulado o estágio crítico de pesquisa de mercado que costuma ser embutido nos processos de criação de embalagens de uma grande empresa. Eles provavelmente mostraram conceitos para grupos focais e pediram a painéis de consumidores on-line para avaliar sua "intenção de compra" para os novos designs. Decker especula que as pessoas realmente teriam classificado a nova embalagem como "nova", "revigorante" ou "moderna" em comparação com o design antigo.

Ele atribui a perda da Tropicana não ao fato de os consumidores odiarem o design, mas, sim, a ter camuflado um produto tão familiar em uma prateleira cheia de suco. "Ninguém mais reconheceu o produto. As pessoas passeariam pelo corredor com seu carrinho de compras, não veriam sua marca usual, presumiriam que não havia estoque e comprariam uma marca diferente. Na verdade, muitas pessoas disseram que a embalagem parecia de uma marca própria, uma marca do supermercado." Decker acredita que eles provavelmente não testaram a nova embalagem nas prateleiras, em uma situação de compras, na qual as pessoas estão simplesmente tentando *encontrar* a marca que costumam comprar, sem ponderar se ela é nova e moderna.

Sete semanas depois, a empresa retornou à embalagem antiga — a um custo de 35 milhões de dólares.

Uma mentalidade ágil requer ouvir os clientes desde o início e com frequência. Embora tudo isso possa fazer todo sentido para a fase inicial, as empresas em crescimento geralmente param de abraçar a inovação e os pequenos fracassos calculados depois de se estabelecerem. Elas sentem que têm muito a perder. Portanto, evitam o risco. Ou pelo menos é o que pensam.

TRUQUE DO SHANE

Existe um ditado na comédia: *Tempo de palco. Tempo de palco. Tempo de palco.* Suba no palco o mais rápido possível para praticar. Mas, na verdade, não é apenas tempo de palco. É a oportunidade de testar novas matérias-primas e obter feedback. É uma oportunidade de se arriscar.

Mas, muitas vezes, quando um comediante alcança o sucesso, ele para de correr exatamente os riscos que o tornaram bem-sucedido e, em vez disso, segue fazendo apenas o que sabe. O objetivo deixa de ser criar algo novo e original, mas evitar o fracasso a todo custo.

Minha própria carreira é um excelente exemplo de como isso pode acontecer. Quando comecei em eventos de microfone aberto e depois fazendo apresentações regulares em clubes, não tinha medo. Assumi grandes riscos na comédia e que muitas vezes foram fracassos no palco. Mas, por causa deles, também acertei excelentes tacadas. E as boas tacadas são o que animam as pessoas: quando você consegue acertar umas bolas, o público "perdoa" os deslizes. Mesmo que as pessoas não perdoem as tacadas erradas, a verdade é que a maioria dos shows não tem importância. Se você explodir em uma única apresentação no Elks Lodge, quem se importa? Tudo não passa de treino para o grande jogo.

Mas, quando todo esse treino compensa e você se torna um comediante em tempo integral, as coisas mudam. Sendo a atração principal de um show, você não pode falhar tanto. Precisa conseguir mais apresentações nesse clube e obter referências dele para outros shows. Não pode mais alienar o público e rir disso depois. Esse agora é o seu sustento. As pessoas pagaram um bom dinheiro para se divertir e você é o evento principal. Não pode simplesmente se apresentar para fazer seus amigos comediantes no fundo da sala rirem. Eles não pagam seu aluguel.

E, por causa disso, você para de se arriscar e se apega ao material que sabe que funciona. Não precisa ser inovador e, se tentar, provavelmente levará um tombo. Você apenas deseja ser coerente.

Mas o problema é que, se não continuar encontrando maneiras de se arriscar, vai estagnar e rapidamente desaparecer no mar de comediantes antes promissores que agora estão encalhados na estrada, apenas tentando sobreviver. E, mesmo se estiver conseguindo pagar o aluguel, sua alma pagará o preço. Não podemos deixar nosso show se tornar rotina.

Foi isso que aconteceu comigo.

Para sair dessa enrascada, tive que mudar quase tudo o que estava fazendo. Eu precisei me reinventar (algumas vezes). Encontrei lugares menores, mais experimentais e menos confiáveis. Isso deu uma nova vida à minha carreira obsoleta. Agora eu olho para trás, para a confortável existência de ser uma atração principal de um clube de comédia, como algo que estava sufocando minha carreira. Não fui feito para ver o adversário caminhando até a primeira base. Fui feito para rebater a bola para fora do estádio.

Por exemplo, nem sabia se essa referência de beisebol funcionaria, mas arrisquei de qualquer maneira e acertei! GOLAÇO!!!

CAPÍTULO 5

ESCREVA PARA NÃO SE ARREPENDER

Janeane Garofalo é uma comediante versátil. Ela fez esquetes no *Saturday Night Live*; estrelou filmes como *Caindo na Real* e programas de TV como *The Larry Sanders Show*; é apresentadora de rádio na *Air America*; e até escreveu um livro, *Feel This Book*, com Ben Stiller. Mas, ao longo de seu *tour de force* no mundo da comédia, o segmento consistente tem sido o *stand-up*.

Talvez você não tenha percebido que ela faz parte de uma dupla de comédia — Garofalo e seu caderno. É tanta confiança nele, que ela descaradamente o leva para o palco. E não tem medo de falar sobre isso. A seguir, um trecho de seu especial de comédia de TV de 1997:

> O caderno. Sim, como vocês sabem, Garofalo é um pouco esquecida. Tem que trazer seu caderno. Às vezes, confundo o adoçante com meu remédio de emagrecer. Preciso ter algo para me guiar, pois não quero esquecer o que desejo falar. É esse tanto que os considero.

Não importa o seu setor, área ou expertise, há um hábito essencial que todos devem ter. Da captura da criatividade à execução da inovação, tudo requer uma etapa simples, embora muitas vezes ignorada: *escrever.*

ESCREVA ASSIM

As pessoas tendem a pensar nos comediantes como artistas. Ou degenerados. Mas, na verdade, 68 por cento da genialidade cômica é resultado de escrever como um ofício. Quero que você pense em escrever da mesma forma que os comediantes pensam.

Comediantes de *stand-up* são escritores que devem se inventar como artistas (por exemplo, Seinfeld), ou artistas que devem se inventar como escritores (por exemplo, Chappelle).

Claro que há exceções. Por exemplo, Mitch Hedberg era um escritor tão bom, que podia se dar ao luxo de não ser um bom artista. Ele se apresentava com os olhos fechados, de costas para o público, com óculos escuros e o cabelo no rosto. Se dependesse dele, ficaria em posição fetal com seu microfone e leria suas piadas.

Além de escritores e artistas, existem duas outras categorias de pessoas na comédia: aquelas que querem fazer comédia e aquelas que querem ganhar dinheiro.

Para esta última categoria, ser um escritor de comédia em Hollywood é um trabalho estável que paga relativamente bem. Muitos comediantes escrevem material e se apresentam no palco para conseguir um emprego como roteirista.

Se você precisa de evidências de como a escrita é importante, considere a greve dos roteiristas de Hollywood ocorrida em 2007. Sem eles, a indústria do entretenimento estagnou. Os talk shows noturnos passaram a ser reprisados, e a maioria dos programas de televisão com roteiro teve suas temporadas encurtadas ou canceladas. É por isso que a Associação de Escritores da América é o sindicato mais poderoso de Hollywood. Quando pensamos em Hollywood, nos vêm à mente pessoas bonitas na tela e efeitos especiais incríveis. Mas essas coisas não importam se não há grandes histórias. E, para isso, são necessários roteiristas não tão bonitos, sentados ao redor de uma mesa retangular tomando água com gás e discutindo por horas. Se os atores entrassem em greve, seria mais fácil substituí-los do que os roteiristas. Bem, exceto por Brad Pitt.

Costumamos pensar na escrita como um meio de comunicação com outras pessoas. Assim como a comédia, ela requer um público. Isso é verdade, mas às vezes o público é *você*. Escrever é tão útil para esclarecer seus pensamentos e ideias para si mesmo quanto para comunicar esses pensamentos e ideias a outras pessoas.

Assim como uma prática de ioga, criar uma prática de escrita particular traz benefícios para sua vida pessoal e profissional. E, a partir dessa base sólida, é possível aprimorar suas ideias para o mundo.

O PODER DA CANETA

Ah, o quê? Você não é um escritor? Não sabe escrever? Não gosta de escrever? Bem, supere. Eu tive o mesmo problema.

Quando jovem, achava que poderia ter uma carreira como professor, mas era muito ingênuo para perceber que minhas chances eram mínimas. Eu era um aluno bom o suficiente para acreditar que conseguiria entrar em um excelente programa de doutorado. Mas esses programas geralmente aceitam alunos com médias quase perfeitas. Não era o meu caso.

Após quatro anos de tentativas, mais de trinta inscrições e milhares de horas de estudo extra, uma universidade decidiu me dar uma oportunidade. Obrigado, Universidade Estadual de Ohio. Na verdade, foi uma *pessoa* que me deu essa chance. Obrigado, Barb Mellers.[1]

---

1 Após iniciar o doutorado, descobri como fui aceito. Eu havia me inscrito no programa de psicologia social e, sem meu conhecimento, fui imediatamente rejeitado. Barb era um novo membro do corpo docente do programa de psicologia quantitativa e estava ansiosa para formar um laboratório com alunos interessados em emoções e tomada de decisão. Não satisfeita com a quantidade de candidatos, ela caminhou pelo corredor e pegou a "pilha de rejeitados" na administração. Ela analisou, escolheu um formulário de inscrição — o meu — e me deu uma chance. História real.

Dez anos depois, me tornei professor assistente na Leeds School of Business, da Universidade do Colorado. Eu estava diante de uma possibilidade de efetivação (em outras palavras, pronto para ser promovido) e tinha uma enorme lacuna em minhas habilidades: escrever.

Como um pesquisador acadêmico, recompensas de longo prazo (ou seja, efetivação) provêm de ser um pesquisador principal, que lidera projetos que resultam em artigos científicos. Uma habilidade essencial é escrever com precisão, de forma persuasiva e publicar com frequência.[2] Até aquele ponto, eu tinha tido sucesso ajudando meus fabulosos coautores. Passava de dez a doze horas por dia no laboratório fazendo as coisas em que era bom: criar experimentos e analisar dados.

Adorava meu trabalho e não queria que a universidade me dispensasse. Assim, refleti bastante e enfrentei os fatos: eu não era bom em escrever. Mas sabia que precisava *ficar* bom em escrever. Então coloquei a bunda na cadeira e comecei a praticar. Muito.

Tornar-me um escritor regular salvou minha carreira. E, quando digo "regular", quero dizer "diário".

Não só a quantidade da minha produção aumentou (ou seja, publiquei mais), mas a qualidade da minha pesquisa melhorou. Isso porque eu escrevia com frequência, o que me forçou a ser muito mais preciso sobre o que estava

---

2 Há uma piada sem graça no mundo acadêmico de que doutorado na verdade é "dortourado".

falando. E consegui responder mais rápido às perguntas científicas necessárias. Fui efetivado e agora meus colegas terão que me aturar.

Escrever é um dos motivos pelos quais tive sucesso. A comédia é o outro. Quando comecei a estudar humor (por meio da escrita) e a ter todos esses insights sobre como a comédia se aplica aos negócios (por meio da escrita), minhas ideias se desenvolveram com clareza suficiente para que eu pudesse aplicá-las à minha carreira e alcançar resultados surpreendentes.

A fim de compreendermos melhor, vamos examinar três razões para escrever: lembrar, esclarecer e comunicar.

ESCREVER PARA LEMBRAR

Um caderno, e não um microfone, é a ferramenta mais crítica para os mestres da comédia.

Muitos episódios de *Seinfeld* são baseados em premissas retiradas do caderno de Larry David, escritas anos antes.

David Sedaris, famoso escritor de humor e memórias, precisa escrever tudo o que vê e faz em um diário. Ele mantém todos os diários desde os treze anos, alguns dos quais usa como fonte para sua comédia. Ele até os transforma em livros.

Quanto mais cedo começar a escrever, mais cedo começará a construir os alicerces para o seu futuro. Mas cuidado, há um legado de escritores que perdem seus cadernos.

Kevin Smith guardou todas as anotações para seu filme de sucesso *O Balconista* em um saco de lixo dentro do carro. O veículo foi arrombado e levaram o saco.

Mitch Hedberg perdeu seu caderno, e foi a única vez que sua esposa, Lynn Shawcroft, o viu chorar.

Janeane Garofalo foi assaltada e levaram seu caderno. Ela tem uma piada sobre isso:

> Fui assaltada. E eles pegaram minha mochila com meu caderno. Portanto, se alguém vir dois chicanos arrasando em algum clube de comédia, são eles. Me avisem.

Em um mundo "politicamente correto", não tenho certeza se podemos dizer *chicano*. No entanto, perder um caderno pode não ser tão importante quanto esses comediantes sugerem. Sim, anotamos as coisas para não termos que nos lembrar delas, mas o ato de anotá-las, na verdade, nos ajuda a memorizá-las.

Pesquisas revelam os benefícios de escrever com caneta e papel. Isso o força a desacelerar o pensamento e aumenta a memória do que se escreveu. Alguns professores estão banindo o uso de notebooks durante as aulas devido às evidências benéficas das anotações manuscritas. Entre digitar ou não escrever, digite. Mas esteja ciente de que o celular e o notebook são formas horríveis de distração.

Portanto, é provável que, se você escrever, se lembrará; se não escrever... esquecerá.

RELEVÂNCIA

Escrever tem resultados poderosos.

Joan Rivers mantinha todas as suas piadas — inúmeras — em ficheiros. A parte mais difícil de lidar com o catálogo digno de uma biblioteca era decidir em que categoria colocar cada piada. Não era possível fazer uma pesquisa por palavra-chave nos ficheiros em seu apartamento no Upper East Side, na cidade de Nova York.

TRUQUE DO SHANE

Eu tinha um caderno e um gravador que usava religiosamente para registrar ideias. Se eu não escrevesse uma ideia, parecia que estava rasgando dinheiro.

Piadas são minha moeda.

Assim como muitos comediantes, agora registro minhas ideias no meu celular. Existem algumas vantagens. Elas são fáceis de editar, podem ser pesquisadas, são fáceis de ler (ou seja, nenhuma caligrafia horrível) e são armazenadas na nuvem. Mas estou reconsiderando minha prática.

Quando carrego um caderno, fico mais atento às oportunidades de piada. Você conhece a frase: "Para quem só sabe usar o martelo, todo problema é prego"? Bem, quando se sabe usar um caderno, toda situação é uma possível piada.

Obs.: é por isso que não carrego uma arma.

Você pode usar a escrita para se lembrar do seu desejo e se inspirar a ir atrás dele. Na infância, o professor de Steve Harvey deu-lhe a tarefa de escrever o que queria ser quando crescesse. Ele escreveu que desejava aparecer na televisão. A professora explicou que era para escolher algo realista. Desolado, Harvey foi para casa e conversou com seu pai, que lhe disse para escrever algo que agradasse a professora, mas encorajou o filho a manter seu sonho de estrelato.

Harvey entregou a tarefa e depois escreveu um manifesto pessoal sobre seu objetivo de aparecer na televisão. Ele o lia todas as noites. E, claro, quando adulto, apareceu na TV — mais conhecido como o apresentador de *Family Feud*. Após cumprir os objetivos do seu manifesto, ele enviou à professora uma televisão nova. E não parou por aí. Continuou a enviar-lhe uma a cada ano.[3] Em algum momento, ela disse a Harvey: "Você precisa parar de me enviar aparelhos de televisão, pois minha casa está cheia deles!" Além de não ser a professora mais encorajadora do mundo, ela não sabia como usar o eBay.

---

3 Certa vez, Kevin Hart enviou uma garrafa de vinho de 8 mil dólares para uma pessoa que lhe deu uma crítica negativa.

As pessoas tendem a ser muito boas em lembrar das coisas sobre as quais estão certas e ruins em lembrar das coisas sobre as quais estão erradas. Então, escrever ideias pode realmente melhorar o aprendizado, pois fornece um registro honesto de algo em que se acreditava, que pode ou não permanecer correto com o passar do tempo. Peter Drucker, guru da administração, anotava o que esperava que acontecesse e depois o que realmente havia acontecido. Isso o ajudou a aprender com os erros, aprimorar seus instintos e planejar o futuro. Manter um diário também é útil para nós, meros mortais.

E aqui está mais uma prova do poder da escrita: Einstein é famoso por escrever diversos trabalhos acadêmicos, mas, para tanto, fez 80 mil páginas de anotações.

ESCREVER PARA ESCLARECER

Anotar para lembrar é como despejar ideias em uma página. São rascunhos ruins e diários sem propósito. Mas escrever também pode auxiliar a compreensão. Escrever expõe fraquezas de pensamento e raciocínio. Escrever ajuda a desenvolver uma ideia. A precisão necessária ao anotar palavras e ideias exige um nível de clareza. Isso acalma você e o faz reconhecer o que não sabe.

Darwyn Metzger é fundador e CEO da Phantom, uma empresa de publicidade, *branding* e marketing especializada em acelerar negócios. Ele é tão bom no que faz, que todos os seus trabalhos resultam de indicações. Como consequência, sua empresa passou anos sem nem mesmo ter um site. Metzger é extraordinariamente criativo. Não é de surpreender que tenhamos nos conhecido em uma aula de improviso durante a pesquisa para meu primeiro livro.

Eu o convidei para dar uma palestra para meus alunos de MBA, o que é um tanto irônico, pois ele abandonou o programa. Costumo começar a aula discutindo eventos atuais relacionados ao marketing. Geralmente, meus palestrantes convidados usam esse tempo para revisar suas anotações ou mexer no celular.

Não Metzger. Em vez disso, ele rabiscou furiosamente seu bloco de notas amarelo. Depois que o apresentei, ele disse: "Muito obrigado. Antes de começar, gostaria de comentar sobre os eventos atuais." Ele fez inúmeras observações que ninguém mais havia feito (mais de cinquenta alunos na sala), demonstrando seu amplo conhecimento de negócios, arte, tecnologia, finanças e criptomoeda.

Foi sua habilidade de escrever *e* aprimorar ideias que lhe permitiu contribuir para a aula de forma impressionante.

SE NÃO COUBER, DESCARTE

O valor de escrever para esclarecer se aplica especialmente bem ao planejamento de negócios. Já se foram os dias de longos planos de negócios e marketing. As coisas são rápidas e simples — ou deveriam ser. Isso nos leva à beleza do *one-pager* (também conhecido como *one-sheet*).

Sempre que converso com pessoas que estão pensando em qualquer empreendimento criativo (comercial ou não), pergunto se elas já escreveram seu *one-pager.* Algumas dizem: "Não, ainda não." Outras perguntam: "O que é isso?"

Um *one-pager* é a síntese das informações em uma única página. Eu o descobri no final da minha carreira, quando meu coautor e eu começamos a escrever *The Humor Code.* Levamos seis semanas para fazer o *one-pager* e, depois, só precisamos de três semanas para elaborar a proposta do livro. E, quando se compara os dois, é incrível o quanto são parecidos.

Um *one-pager* inclui uma descrição que identifica o público-alvo de sua ideia, para que ela serve e como é diferente. Você deve revisar inúmeras vezes. Não pode ser descuidado com seus pensamentos. Porque. Sua. Ideia. Deve. Caber. Em. Uma. Página.

Todo projeto em potencial que faço (e todo grande projeto que não faço) tem um *one-pager,* incluindo este livro. Preciso dele para constatar se vale a pena prosseguir. Quando termino, geralmente decido: "Não, não vou fazer este projeto." Se a decisão for: "Ah, isso precisa acontecer logo", então meu *one-pager* muda de esclarecimento para comunicação.[4]

---

4 O *one-pager* do *The Humor Code* e o deste livro estão na apostila disponível no meu site [conteúdo em inglês].

A Amazon tem uma prática conceitualmente semelhante ao pensar sobre um novo produto. Antes que a gerência decida iniciar qualquer novo projeto, o líder do projeto deve escrever o comunicado de imprensa. Ele deve ser centrado no consumidor, relevante para a mídia e importante para os clientes-alvo. Isso ajuda a equipe a investigar como os clientes pensariam e se sentiriam sobre o produto ou serviço antes mesmo de começar a criá-lo.

A Amazon tem outro processo de escrita para novos projetos: o memorando de seis páginas. Ele não só esclarece a ideia e comunica à equipe o que é necessário, mas também reduz as reuniões, pois tudo o que se pensou está documentado de forma clara e significativa. A primeira coisa que a empresa faz é conceder um tempo (até uma hora) para a leitura do memorando.

ESCREVER PARA COMUNICAR

Uma vez que sua ideia é desenvolvida, sua escrita passa de um documento interno para um documento externo.

Quando você escreve para comunicar, não está mais escrevendo para si mesmo, mas para outras pessoas. Elas simplesmente não se importam com a sua mensagem tanto quanto você. E também não a conhecem.

Quando se trata de comunicação, as pessoas se deparam com a maldição do conhecimento. Por que isso é um problema? Quando alguém sabe tudo sobre um assunto, não percebe o que seu público não sabe, então deixa de fora informações importantes que poderiam preencher a lacuna. A solução para isso é, primeiro, identificar a *importante ideia singular* que se pretende comunicar. Em seguida, determinar os pré-requisitos necessários para entendê-la. Por fim, certificar-se de que esses pré-requisitos sejam abordados de alguma forma na comunicação.

ADICIONE GORDURA, ELIMINE O EXCESSO

Anotar para lembrar é uma questão de quantidade. É adicionar gordura à escrita. Sua função é apenas escrever. À medida que esclarece, continue adicionando mais gordura, mas em locais específicos, até ter tudo o que precisa. Editar é cortar a gordura, mas manter a carne.

Um problema que os escritores têm é que eles são extremamente prolixos — falham em capturar a *essência* do que estão tentando dizer.

É preciso eliminar o dispensável. Essa é a arte da edição.

É claro que a edição é uma grande parte da comédia. Como Shakespeare escreveu: "À medida que suas palavras são expressas de forma mais breve e habilidosa, incisadas com bagagem e imponência espirituosas, eleva-se seu quociente de sagacidade e sabedoria."

Brincadeira. Ele escreveu: "A concisão é a alma do espírito."

Ao escrever piadas, o mais breve é quase sempre o melhor. Os mestres da edição são comediantes de piadas curtas, como Henny Youngman. Os comediantes competirão para ver quem consegue criar a piada mais curta. Norm Macdonald acha que a piada perfeita é aquela que tem preparação e arremate idênticos.

Mitch Hedberg tem uma piada engraçada de cinco palavras:

> O Pé Grande é desfocado.

Para não ficar para trás, Jimmy Carr tem uma piada de quatro palavras:

> Bacalhau é salgado, né?

Carr também tem uma piada de duas palavras, mas não pode ser mencionada aqui.

Uma ferramenta para eliminar o excesso é criar uma restrição. Sou a favor da regra dos dez por cento. Se eu tiver um texto com o qual me sinto bastante confortável, procuro eliminar dez por cento das palavras. O objetivo é, obviamente, não sacrificar qualquer significado ou ideia, mas identificar a gordura que ficou.

TRUQUE DO SHANE

Acredita-se que Hemmingway disse: "Escreva bêbado, edite sóbrio." Minha versão é "escreva muito, fale pouco".

Apenas escrevo por escrever. Não escrevo para ser engraçado. Não escrevo para ser bom. Mas o que acontece é que uma única linha se destaca e chama minha atenção. Essa é a pequena ideia que se transforma em uma piada curta.

Obs.: escrevi isto bêbado e editei à base de café.

IMPULSIONANDO A CONCISÃO

Ao trabalhar no *The Humor Code,* me juntei ao meu colega Phil Fernbach para conduzir uma análise do concurso de legenda de cartoons da *New Yorker.* Nesse concurso, a revista publica um cartoon sem legenda e milhares de leitores enviam sugestões que acreditam torná-lo mais engraçado. Bob Mankoff, editor de cartoons, faz uma pequena lista das legendas mais promissoras e, em seguida, escolhe as três melhores para os leitores votarem.

Um fator que Fernbach e eu examinamos foi a extensão das legendas enviadas. Constatamos que, em média, as finalistas tinham uma palavra a menos do que as rejeitadas. Não parece muito, mas as legendas tinham apenas de nove a dez palavras.

O concurso número 281 foi vencido por Roger Ebert, que, além de ser um crítico de cinema renomado, era um participante regular de concursos de legendas. O cartoon retrata um casal que acaba em um vasto deserto, carregando sacolas de compras enquanto aparentemente procura seu carro. Eles encontram uma placa de estacionamento com uma grande letra "F". A legenda vencedora: "Não direi a palavra que me veio à mente."

QUASE TUDO É MUITO LONGO

Quando as pessoas reclamam de uma experiência — um show de comédia, um filme, um romance, uma palestra —, quase nunca dizem: "Não durou o bastante." Em vez disso, afirmam: "Poderiam ter cortado dez minutos daquele filme" ou "Sabe, várias piadas que ele contou não eram muito engraçadas."

Por que isso acontece?

Vamos analisar. O processo de criar uma experiência geralmente ocorre em uma sequência de produzir e cortar. Digamos que esteja fazendo um filme. Você grava todas as cenas, organiza uma primeira versão de cinco a sete horas de duração e, em seguida, reduz a gordura para apenas 120 minutos. É possível que 110 minutos bastassem. Acha que eles cortarão tudo isso? Improvável.

Quando se encara uma decisão de cortar/não cortar, há uma perda potencial (ter que cortar) e um ganho (não ter que cortar), mas, como achamos que as perdas são maiores do que os ganhos, tendemos a manter as coisas com mais frequência do que deveríamos.

Isso é agravado pela falácia do custo irrecuperável; isto é, as pessoas relutam em desistir do tempo, do esforço ou do dinheiro investido na criação. Um comediante pode trabalhar em uma piada por meses e, mesmo que ela não seja tão boa quanto deveria, ele a mantém, porque é muito doloroso cortá-la. Seria preciso eliminar emocionalmente os custos irrecuperáveis da elaboração da piada.

A terceira razão é o ego. Você acha que a piada é brilhante ou hilária, mesmo que ninguém concorde. Apaixonar-se por uma piada é uma das piores coisas que um comediante pode fazer, pois não importa se a pessoa que está contando gosta dela, o importante é o público gostar.

Como escritor, suas palavras são como seus filhos, seus queridos. Mas, como se costuma dizer: "Mate o que vos é querido."

O ego torna difícil eliminar o que nos é querido. E, se *quase tudo é muito longo*, isso significa que *quase tudo poderia ser melhor*. A mistura de aversão à perda, custo irrecuperável e egoísmo convence os artistas a manter piadas, cenas e frases que não satisfazem o público.[5]

E o público percebe mais as coisas ruins do que as coisas boas. O tempo voa quando você está se divertindo, mas passa devagar quando não está. Então, caso mantenha o que desagrada o público — piadas sem graça, cenas chatas e efeitos especiais ruins —, ele notará. Os aspectos negativos da experiência ofuscam os positivos, dando a impressão de que quase tudo é muito longo.

5 Você provavelmente percebeu isso no Capítulo 2. Desculpe.

A solução? Corte o desnecessário, não importa o custo. Corte até doer.

Isso pode parecer contraditório em relação ao que afirmei antes sobre, acima de tudo, escrever piadas que o agradam, mas não é. Você deve, primeiro, escrevê-las e, em seguida, testá-las — com seu público-alvo. Se não funcionarem, altere-as. Se ainda assim não derem certo, corte-as. Essa é a dolorosa beleza da criação — administrar a tensão da corda bamba entre o que o agrada e o que dá resultados.

IMPLICAÇÃO: SUBTRAIR. SUBTRAIR. SUBTRAIR.

A lição de fazer cortes profundos para melhorar uma mensagem — e o risco de manter algo desnecessário — vale para uma ampla gama de decisões não escritas, profissionais ou não. Tenha paciência enquanto aplico, de forma mais geral, um ensinamento sobre escrita ao design de produtos.

Quando queremos melhorar as coisas, nossa tendência natural é adicionar. Mas remover também traz benefícios. Verna Fields, editora de *Tubarão*, é amplamente creditada por "salvar" o filme ao convencer o diretor Steven Spielberg a cortar as primeiras cenas do tubarão mecânico, evitando efeitos especiais ruins e perturbadores. Mas isso também aumentou significativamente o suspense, pois o público teve que esperar muito mais para ver o tubarão.

Originalmente, *Ren e Stimpy* se chamava "Sua Turma" e *Calvin e Haroldo* tinha vários outros bichos de pelúcia amigos. Em ambos os casos, o grupo foi cortado para se tornar uma clássica dupla.

Lembra do status quo que demanda cautela? Então, nos negócios, ele consiste em 1) lançar novos produtos e 2) manter as linhas de produtos existentes. Há muitos motivos para preservar os produtos existentes: você deseja agradar seus parceiros de varejo, os produtos de baixo desempenho ainda podem gerar receita e o sustento dos funcionários está vinculado a eles. Há também a questão dos custos irrecuperáveis — o tempo, o dinheiro e o esforço para lançar esses produtos. No entanto, inverter o curso para cortar linhas de produtos desatualizadas ou produtos não lucrativos tem um benefício: libera tempo, dinheiro e esforço para buscar projetos mais promissores.

Após reconquistar sua posição como CEO da Apple, Steve Jobs cortou setenta por cento da linha de produtos da empresa. Havia muitos projetos não lucrativos atrapalhando o crescimento. O viés do status quo tornou esses cortes impopulares, mas eles foram a decisão certa para a empresa, pois abriram caminho para a criação do iPod.

O Google pergunta regularmente: "Quais produtos podemos matar?" O cemitério do Google tem mais de 194 produtos, aplicativos e serviços — e está aumentando com as lápides do Google+, Google Reader, Google Play, Google Hire, Google Trips e, claro, Google Glass.

CUIDADO COM OS RECURSOS

Às vezes, não é o produto em si que precisa ser eliminado, mas aspectos específicos dele.

Observe seu controle remoto ou micro-ondas. Quantos desses botões você realmente usa? O mesmo se aplica aos softwares. A maioria dos designers e engenheiros (especialmente os novatos) pensa que as experiências são baseadas em uma propriedade aditiva. Eles continuam adicionando recursos que, na verdade, comprometem a eficácia do produto. O motivo é que as pessoas escolhem produtos com mais recursos, mas tendem a usar apenas alguns deles — e os outros acabam atrapalhando.[6]

Às vezes, remover o que aparenta ser o recurso mais essencial de um produto é uma boa estratégia. Foi isso que o economista comportamental Dan Ariely e seus cofundadores fizeram com a Shapa.

Você faz xixi *e* cocô para diminuir seu peso antes de subir na balança pela manhã? Como as balanças se tornaram mais precisas com os leitores digitais, cada grama parece importar (espere: comi quatro saladas ontem e engordei duzentos gramas?).

Você deve se lembrar das balanças antigas cuja agulha nunca parava. Ela apenas estremecia perto de um número. Bem, a Shapa não tem números. Não tem leitor algum.

---

6 Thompson, D. V., Hamilton, R. W. e Rust, R. (2005). Feature fatigue: When product capabilities become too much of a good thing, *Journal of Marketing Research* , 42, 431-442.

Você ainda se pesa todos os dias, e ela envia seu peso para um servidor. No final da semana (ou do mês), você confere seu peso médio. É muito mais preciso do que a balança padrão, pois fornece uma avaliação mais estável. Você pode acompanhar sua média ao longo do mês, do semestre ou do ano. O benefício da ausência do leitor é que, devido à aversão à perda, as pessoas são muito sensíveis com o fato de estarem mais pesadas ou mais leves do que o esperado. Ao acompanhar as médias ao longo do tempo e descartar os números, é possível obter uma avaliação mais estável do seu desempenho — e se sentir melhor com seu progresso.

A Shapa acaba dando mais do que tira.

DESENVOLVA SEU TRUQUE

Escrever é difícil. Escrever é difícil. Escrever é difícil.

Este pode ser o capítulo mais complicado de implementar em sua vida. Parabéns pela leitura.

Ler é como a alimentação e escrever é como o exercício. É hora de começar a se exercitar.

FORMAS DE ESCREVER PARA NÃO SE ARREPENDER

- Se deseja captar a essência de um assunto, leia um livro sobre ele. Se quiser ser proficiente, leia dez livros sobre ele. Se quiser ser um especialista, escreva sobre ele. Comece a ler e escrever regularmente. Coloque na sua agenda. Faça disso uma prioridade.

- Ao escrever, as pessoas erram de duas maneiras. Elas permitem que o editor tenha muito controle (geralmente impedindo-as de criar, ou pelo menos de finalizar), ou criam e nunca editam. Qual é o seu caso? Do que você tem tanto medo?
- Compre um diário. Tudo bem investir algum dinheiro — especialmente se isso motivá-lo a escrever nele, para não desperdiçar a quantia gasta. Por outro lado, se um diário sofisticado inibe sua escrita, compre um caderno simples. Opte pelo que o liberta.
- Pratique fazer anotações durante uma reunião. A reunião passa mais rápido e você não se distrai a ponto de dormir, ser demitido e substituído por um robô.
- Tem uma ideia de projeto? Comece um *one-pager*. Alguém apresentou uma ideia para você? Peça-lhe que escreva um *one-pager*.
- Pratique cortar sua escrita (use a regra dos dez por cento). Ao fazer outras coisas, pratique eliminar o dispensável. Diminua o número de coisas a fazer. Faça menos. E deixe o que resta ser melhor por isso.
- Comece a acompanhar sua escrita. Anote os dias e os horários em que escreve. O que é medido é maximizado.

Quanto mais escrever — para lembrar, esclarecer e comunicar —, mais terá controle sobre suas ideias. Você pode arquitetar suas inversões, seus passos, seus abismos, suas equipes. Pode sequenciar intencionalmente suas ações para ter o maior impacto. Porque, como veremos no próximo Fora da Caixa, a ordem das experiências é importante.

FORA DA CAIXA: COMECE FORTE. TERMINE MAIS FORTE.

A comediante Phyllis Diller disse: "A comédia é como um voo de avião. A parte mais importante é decolar e aterrissar."

A parte da aterrissagem é óbvia. Todo mundo sabe como uma boa história tem um grande clímax e como uma boa piada tem um arremate.

Os comediantes de *stand-up* costumam finalizar com seu melhor material: o grande final. É o material mais forte, elaborado para arrancar mais risadas. Eles começam com seu segundo material mais forte, o anzol, e disfarçam seu material mais fraco no meio da apresentação (o melhor momento para ir ao banheiro).

Adoro a série *The Office* por inúmeras razões, mas os teasers são minha parte favorita. Você já viu essa tendência no cinema e na TV — talvez uma sequência de ação que imediatamente prenda o público — antes da exibição dos créditos iniciais. Às vezes, os teasers se relacionam com a história, mas esse não é quesito obrigatório. Quando os roteiristas de *The Office* não precisam se preocupar em continuar a história, eles podem elevar a comédia e fazer algo ultrajante, como quando Michael atropela Meredith com seu carro ou Kevin derruba sua enorme panela de chili no escritório.

É apenas um episódio isolado, mas é hilário. E então eles o surpreendem com a música tema.

Começar com um material forte sugere que haverá material de boa qualidade. Uma trégua após um começo forte é bom, pois o público sabe do que você é capaz e será paciente. Chamo isso de *Efeito Promessa*.

Começar forte também ajuda a provocar uma reação emocional que leva a outras reações emocionais. No caso da comédia, essa emoção é a diversão, o que ajuda a tornar os momentos subsequentes mais divertidos, pois você já está de bom humor. Chamo isso de *Efeito Impulso*.

Se você não tem um público cativo — em outras palavras, se ele tem a opção de "escapar", como mudar de canal ou clicar em um vídeo diferente —, é ainda mais importante aproveitar o *Efeito Promessa* e o *Efeito Impulso*. Um exemplo é a criação de canções pop. Elas têm que fisgar você em sete segundos. Na composição, o verso mais fraco costuma ser o último.

As empresas criam experiências para os clientes: eventos com início, meio e fim. A Disneylândia, referência mais conhecida, é uma série delas, do início ao fim do passeio. O varejo é uma série de experiências, da entrada à saída. O atendimento ao cliente também é, desde discar até desligar.

A experiência de um cliente deve ser positiva no momento, mas, talvez ainda mais importante, deve ser positiva em *retrospecto.*

CAPÍTULO 6

TRABALHE BEM OU MAL TRABALHE

Imagine que você seja um dos comediantes mais bem-sucedidos do mundo — casado e feliz, com três filhos e patrimônio de 1 bilhão de dólares. Você acabou de atingir a idade da aposentadoria tradicional. Como passaria seu tempo livre?

Talvez você compre mais uma ou duas casas. Esteja preparado para enviar seus filhos para qualquer faculdade que queiram cursar, com direito a um carro novo para cada. Talvez passe mais tempo cozinhando e malhando. Ou invista em uma nova carreira como orador de formaturas.

Ou talvez prefira fazer uma turnê com 35 shows com ingressos esgotados, grave um programa da Netflix que mostre sua coleção de carros exóticos, escreva um livro e converse com qualquer pessoa que estiver disposta a ouvir como é seu processo de composição de piadas.

Você sabe de quem estou falando.

A abordagem artística de Jerry Seinfeld à comédia fez mais do que o transformar em um dos comediantes de maior sucesso de todos os tempos. Também o levou a uma vida feliz, bem-sucedida e plena.

Com o objetivo de ajudar você a melhorar naquilo que faz *e* curtir mais seu trabalho e sua vida, vou ensiná-lo a ser mais como Jerry Seinfeld. Não o Seinfeld do palco, ou o da série de TV, mas o Seinfeld dos bastidores — o ferreiro.

A VIDA DE UM FERREIRO

Vista de fora, a vida do ferreiro parece enfadonha — suando com o calor do fogo, brandindo um martelo pesado, batendo no metal o dia todo.

A mentalidade de um ferreiro é a busca metódica e contínua por um trabalho de alta qualidade. O melhor trabalho. Cada golpe do martelo é deliberado, moldando o metal bruto exatamente como o ferreiro pretende. Cada golpe do martelo é importante. Cada movimento deixa uma marca. Cada movimento resolve um problema.

Não é um trabalho fácil, mas pode ser recompensador. Golpe após golpe, dia após dia, semana após semana, o ferreiro cria... uma espada!

Imagine que fantástico seria empunhar uma espada feita (literalmente) com o suor do seu rosto. É a mesma sensação vivida por um comediante ao ver o público rindo de seu esquete, de um corredor que termina uma maratona ou de um gerente que lança um produto no mercado.

Mas o ferreiro não trabalha apenas pelo produto final. Em meio à luta e ao suor, há uma estranha satisfação. Não uma satisfação prazerosa — como uma soneca (ou uma aventura romântica) no meio da tarde. Não se trata de diversão ou emoção. No entanto, em meio aos golpes de seu martelo, o ferreiro pode ser transportado para o que os cientistas psicológicos chamam de "estado de fluxo".

Você já deve ter experimentado o estado de fluxo (ou *flow*) em algum momento. É uma sensação de satisfação em que o tempo parece desaparecer. Em que você fica tão absorto com o que está fazendo, que perde a noção de tudo a seu redor. Às vezes sua mente se esvazia; outras, está totalmente envolvida com a atividade. Nos esportes, esse momento é chamando de "zona". Os escritores o conhecem muito bem. Os corredores, também. E até os gerentes de produto.[1]

---

1 Pode parecer loucura, mas, quando eu era aluno de pós-graduação, tive essa experiência analisando um conjunto de dados. Eu passava três ou quatro horas entretido e me esquecia de comer. Agora, em um dia bom, isso acontece quando escrevo. Infelizmente, não é o que está acontecendo nesta parte. Acabei de verificar o Twitter.

O estado de fluxo é induzido mais facilmente com o envolvimento total em uma tarefa criativa de resolução de problemas que o coloca no limite de suas habilidades. Ele surge quando você não pensa na perfeição e, ainda assim, não deixa de persegui-la. Em vez de focar o produto, você se concentra no processo. Essa tensão dinâmica entre os dois aciona o estado de fluxo.

Então, enquanto se está em busca de uma espada — uma única piada, um especial de uma hora, um *one-pager*, um argumento de venda, um lançamento de produto ou uma carreira inteira —, abordar o processo como um artesão produz algo igualmente incrível: uma satisfação que intriga e fascina ao longo de todo o caminho.

O DESEJO É SUPERESTIMADO

Vamos deixar uma coisa bem clara: autocontrole não é o segredo para se tornar um ferreiro de sucesso — nem qualquer outra coisa.

Gostamos de romantizar as pessoas que alcançam objetivos audaciosos como dotados de uma força de vontade sobre-humana. O YouTube está repleto de vídeos motivacionais que exaltam como o ato de "desejar algo mais do que se deseja respirar" levará ao sucesso. Celebramos os grandes sucessos comerciais que as pessoas alcançam por força de vontade. Devoramos filmes que mostram heróis que usam o "olho do tigre" para alcançar a glória. É uma narrativa atraente, ótima para sequências de treinamento em um dos filmes da série *Rocky*. Mas é muito falacioso.[2]

Claro, pessoas de sucesso geralmente têm uma força de vontade superior à da média. Anos de pesquisa revelam que a capacidade de adiar a gratificação está associada a uma ampla gama de sucessos profissionais e pessoais. Mas também, há anos, pesquisas mostram que as pessoas com maior força de vontade nem sempre são bem-sucedidas.

Além disso, usar a força de vontade para atingir uma meta não é sustentável. Se exigir demais de sua força de vontade, ela se exaure, se esgota. Portanto, ainda que esteja funcionando bem para você, em algum momento ela acabará desaparecendo, e você ficará imobilizado, como qualquer pessoa.

O que fazer, então?

HÁBITOS, NÃO OBJETIVOS

Scott Adams é o criador de *Dilbert*, um empreendedor serial, inteligente, versátil e genioso. Você deve pensar que alguém tão bem-sucedido é um grande defensor de fixar grandes objetivos. Mas não ele. Scott é avesso a objetivos. "Não tenha objetivos. Tenha sistemas."

---

2 Mesmo que você queira passar meses fazendo coisas como perseguir uma galinha para se preparar para levar socos no rosto, nem todo mundo tem acesso fácil a um frigorífico.

Sistemas são comportamentos que acontecem com regularidade. Perder cinco quilos é um objetivo. Praticar exercícios pela manhã é um sistema. Ter um programa especial de comédia é um objetivo. Escrever piadas durante o dia e testá-las à noite é um sistema.

Quando observamos as pessoas mais engraçadas do mundo nos bastidores, percebemos que elas têm sistemas.

"Sistema" é apenas uma forma elegante de dizer que as pessoas mais engraçadas do mundo têm mais hábitos bons do que ruins.

Wendy Wood, professora de psicologia da Universidade do Sul da Califórnia e autora do livro *Good Habits, Bad Habits*, fez uma extensa pesquisa sobre como os hábitos orientam o comportamento e por que são difíceis de criar e de quebrar.

Para criar bons hábitos ou quebrar um mau hábito, geralmente é preciso estabelecer um novo contexto. Digamos que você adore chocolate e, em uma bancada no trabalho, tenha uma tigela de M&Ms. Seu plano é comer apenas alguns. Mas você passa de novo e a tigela ainda está lá, então pega mais um punhado. E então diz a si mesmo: "Ok, por hoje chega." Mas, claro, mais tarde, acaba pegando mais.

Se existe a tigela, existe a tentação. Se há tentação, a força de vontade está sendo usada. Se a força de vontade está sendo usada, em algum momento ela se esgotará. E então você aguenta o máximo que puder até que sua força de vontade acabe. E quando menos espera estará com a boca cheia de M&Ms — mesmo que seja aquele de amendoim que você nem gosta muito.

Um modo muito melhor de criar um novo hábito é mudar seu contexto. Deixe os M&Ms em uma parte menos frequentada do escritório. Guarde-os em um vidro com uma tampa difícil de abrir. Cubra-os com *snacks* mais saudáveis, como passas e nozes. Ou, finalmente, crie um mundo livre de M&Ms.

Os hábitos dependem de associações. Os seres humanos são máquinas associativas. É um de nossos superpoderes. Somos excelentes em fazer conexões entre eventos — mesmo as ruins. (Como usar suas meias velhas e surradas para que seu time favorito vença.) Uma ideia ativa outra. Puxe um fio da teia associativa e acabará acionando outro. Um evento dispara outro. A memória é construída em associações.

Seja para se exercitar diariamente ou para fumar dois maços por dia, a mente inconsciente aprendeu associações que se tornaram automáticas. Para construir um hábito, você basicamente precisa criar um novo conjunto de associações — tecer sua teia mental. "Quando X acontece, eu faço Y." No início, você precisará de um pouco de força de vontade, mas, assim que incorporar a atividade em sua rotina, a necessidade de força de vontade diminuirá.

Portanto, o primeiro passo para um hábito melhor é um novo contexto. O segundo é o tempo. Não existe um número mágico de quanto tempo leva para criar um hábito. Não requer 28 dias exatos, como se pensa, mas o espírito dessa ideia está correto. No início, é preciso persistência e paciência, mas chegará um momento em que o novo comportamento se tornará automático.

Um dos melhores momentos para criar novos e quebrar velhos hábitos é em uma fase de mudança de vida: um novo emprego, um novo apartamento, o retorno das férias. Essa interrupção de sua rotina normal possibilita a criação de novos sistemas. Assim, novos contextos podem ser criados.

Portanto, pare de reclamar de mudanças e implemente algumas.

TRUQUE DO SHANE

Tenho uma história pessoal sobre a ideia de mudar suas associações. Adoro doces. Tive períodos na minha vida adulta em que sentia dores de estômago várias vezes por semana por comer doces demais. Você tem ideia de como é constrangedor ser um homem de quase 40 anos que se comporta como uma criança no Halloween?

Tentei largar os doces muitas vezes, mas recaía como um viciado. Então comecei a comprar tipos que odeio. Agora, se eu quiser doces, tenho que escolher entre alcaçuz preto, marshmallows em formato de amendoim ou jujubas que imitam grãos de milho.

Posso comer doces a qualquer hora que eu quiser. Mas raramente quero esses.

O MÉTODO DO FERREIRO

O sucesso de um comediante normalmente é atribuído ao seu talento natural. Sem dúvida, os mestres têm um senso de humor naturalmente extraordinário. Mas, como em qualquer outro empreendimento — artístico, científico ou empresarial —, talento não é suficiente. Tornar-se um mestre exige o esforço e a rotina de um ferreiro. Requer criar um sistema para o trabalho, ter prática meticulosa e, depois, entrar em ação e se divertir.

Existem três elementos essenciais para criar o estilo de vida de um artesão: proteger, se empenhar e extravasar. Vamos examinar cada um deles em detalhes, para que você possa construir seu próprio método de ferreiro.

PROTEGER OU DESTRUIR

O Princípio de Pareto é bem conhecido nos círculos de hackers. Aplicado aos negócios, afirma que oitenta por cento da sua recompensa vêm de vinte por cento do seu trabalho. Claro, as porcentagens reais são arbitrárias. A conclusão é que pouco do seu trabalho diário envolve algo com que seu chefe ou cliente realmente se importe.

Se você não sabe disso (ou opta por ignorar), acaba priorizando tarefas que são urgentes no presente, mas não são recompensadoras em longo prazo. O mais comum é o e-mail. Ele é urgente, mas raramente é importante. Ninguém jamais olhará em retrospecto para a própria carreira e dirá: "Tive muito sucesso porque era bom com e-mail." Mas o e-mail pode facilmente tomar todo o seu dia de trabalho.

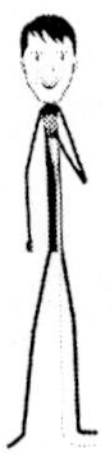

TRUQUE DO SHANE

Muito parecido com muitos empregos, oitenta por cento do meu trabalho envolvem lidar com uma bobagem do dia a dia que de fato não promove meus objetivos de longo prazo.

Como comediante e *podcaster* de ciências, o que as pessoas querem de mim são piadas e ideias interessantes. Mas oitenta por cento do meu trabalho são tarefas de bastidores. Dirigir de um local para outro, produzir os shows, ser meu próprio *roadie*, responder a e-mails, agendar os convidados, fazer o marketing, dar entrevistas.

Escrever as piadas e pesquisar para programas e podcasts representam vinte por cento do meu tempo. Não só é minha parte favorita, mas é a mais importante. À medida que continuo a investir em mim mesmo, uma boa parte do meu dinheiro vai para delegar o máximo dos oitenta por cento restantes. Meu produto melhora em qualidade e minha vida fica muito mais feliz.

Para a minha namorada, que só consegue me ver vinte por cento do tempo, digo que são os melhores vinte por cento. Ela tem oitenta por cento de certeza de que estou mentindo.

Então, qual é a pequena proporção do seu trabalho que traz a maior recompensa? Como criar um mundo livre de M&Ms para que possa fazer o seu melhor e mais gratificante trabalho com regularidade?

São necessários três passos. Primeiro: identifique seu trabalho criativo mais recompensador e produtivo. Segundo: agende um horário para esse trabalho. E terceiro: proteja esse tempo usando todos os meios necessários.

O terceiro passo é o mais difícil.

Ao tentar proteger o tempo criativo, a maioria de nós pega nosso laptop e se refugia em um lugar silencioso que nos possibilite evitar distrações. Você se isola em um escritório ou cafeteria, mas, claro, levou consigo duas distrações.

A primeira é o seu maldito telefone.

Um ferreiro não precisa de um telefone celular. Um ferreiro precisa de uma forja e um martelo. Todo mundo sabe que o telefone é uma distração, mas a maioria não parece disposta a fazer nada a respeito. Controle o uso do telefone colocando-o de lado ou deixando-o em outro local. Use-o quando for útil e depois esqueça dele. Desligá-lo ou deixá-lo longe de sua vista acaba sendo fundamental para o sucesso.

Você pode imaginar se Alexander Graham Bell tivesse uma distração como um celular? Ele nunca teria conseguido se concentrar o suficiente para inventar o telefone.

Quentin Tarantino entende bem isso. Há momentos de comédia o suficiente em seus filmes para que eu o considere um diretor de comédia (por exemplo, a cena em que membros da Ku Klux Klan discutem se devem ou não usar o capuz, em *Django Livre*). Fazer um filme é tão difícil, que Tarantino toma medidas extremas para proteger seu tempo no set. Ele quer que todos estejam focados em ser o mais produtivos possível. Impõe uma regra estrita de proibição de celulares no set. Quem usar o celular está despedido. Nem mesmo Brad Pitt tem permissão para usar seu telefone.

A segunda distração é sua conexão Wi-Fi. Deixar sua caixa de entrada de e-mail e seu navegador abertos e ter acesso à internet é o mesmo que sentar em um escritório ao ar livre com um bando de macacos correndo — sem a parte divertida de sentar em um escritório ao ar livre com um bando de macacos correndo.

O ferreiro evita o Wi-Fi. Todos os dias, ele faz a mesma coisa: acende uma fogueira, liga a forja, prepara as ferramentas. O ferreiro não para de golpear o martelo para ir à praça da aldeia ver o que há de novo no quadro de avisos (ou assistir ao enforcamento público do dia).

VOCÊ SABE PROTEGER O SEU TEMPO?

É fácil esquecer disso, mas *Seinfeld* era o programa mais importante da televisão nos anos de 1990. Era, e continua até hoje, incrivelmente engraçado. O motivo do sucesso do programa não eram as habilidades de atuação de Seinfeld. Tampouco os figurinos ou o cenário. Jerry Seinfeld e Larry David sabiam que oitenta por cento do sucesso do programa podiam ser atribuídos a quanto o roteiro era engraçado. E o roteiro era apenas vinte por cento do trabalho.

Você pode imaginar o mundo deles. Como principais roteiristas (e Seinfeld, a estrela) de um programa de sucesso, todos queriam sua atenção. Aprovações e opiniões sobre isso e aquilo. Telefonemas. Uma pergunta rápida que se transforma em uma conversa de dez minutos. Michael Richards invadindo a sala.

Suas distrações eram piores do que qualquer coisa que você recebe em sua caixa de entrada.

Seinfeld e David criaram uma regra: quando estavam finalizando um script que recebiam da equipe de redação, eles entravam em seu escritório e fechavam a porta. Como Seinfeld costumava dizer: "Se a porta era fechada, estava fechada. Se alguém ligasse, não atendíamos. O objetivo era deixar o script engraçado." Então, enquanto a porta estava fechada, todo o resto tinha que esperar e a equipe precisava tomar decisões sozinha.[3]

Para garantir que fariam seu melhor trabalho, Seinfeld e David estabeleceram um lugar e um tempo para proteger, das intervenções de todos os outros aspectos da vida, os vinte por cento mais importantes do trabalho. Não apenas das distrações supérfluas, mas de *qualquer coisa* que pudesse interromper o estado de fluxo concentrado. Isso possibilitava que eles fossem criativos, mesmo sem força de vontade.

TRABALHO DENTRO DO TRABALHO

A proteção do seu tempo pode ser feita de várias formas; e ouso dizer: com muitas nuanças.

Claire Downs é uma comediante, escritora e produtora de Los Angeles que ainda espera sua grande chance. Lutando para sobreviver, ela tem aceitado empregos temporários para conseguir pagar o aluguel. Isso não é incomum. Ao chegar a Los Angeles, os visitantes têm uma chance real de servir de cobaias para as piadas de um comediante ao embarcar em um táxi saindo do aeroporto.

---

3 A única pessoa que tinha acesso quando a porta estava fechada era uma assistente administrativa que redigitava o texto. De vez em quando, Seinfeld ou David surgiam para entregar anotações para o novo script. Às vezes, ela ria alto enquanto digitava. Eles corriam até ela para saber de que parte ela estava rindo.

Lembra de como os comediantes quebram as regras para ter sucesso? Bem, Downs não permite que o trabalho temporário a impeça de buscar um trabalho criativo de alta recompensa. Ela criou uma série de truques de ética ligeiramente duvidosa para fazer comédia enquanto trabalha em outro emprego.

Ela diz às pessoas no trabalho que tem deficiência de vitamina D, o que "tecnicamente não é uma mentira", já que a maioria das pessoas tem deficiência de vitamina D. Isso lhe dá permissão para atender ligações na área externa ou trabalhar no pátio de um café local, longe do olhar atento de chefes e colegas de trabalho. Ela também costuma reservar uma sala de conferências por duas horas para uma "reunião", depois fecha a porta e escreve um pouco de comédia.

Seu truque favorito é seu "kit de sobrevivência", a mochila que leva para o escritório. Bem, as duas mochilas que leva para o escritório. Uma vez que muitos dos empregos temporários fornecem um computador, ela guarda seu próprio laptop, livros e anotações em uma mochila e os esconde dentro de outra mochila. A maior é um mero disfarce.

Downs entra no escritório e se senta em sua mesa normalmente. Em vez de procrastinar navegando pelo Instagram, ela realiza o trabalho o mais rápido possível. Quando está pronta para a comédia, coloca um café em sua mesa, espalha papéis de doces em torno do computador de trabalho e deixa a mochila "disfarce" também sobre a mesa. E então leva a *outra* mochila para um local tranquilo e trabalha em sua comédia.

Como ela me disse: "Você pode ir aonde quiser, pois parece estar de fato ocupado com toda aquela tralha espalhada. Uma vez, fiz uma apresentação de uma ideia para um filme no horário do expediente em Beverly Hills. As pessoas no meu trabalho pensavam que eu estava no banheiro."

Conclusão: 1) não contrate Downs, a menos que seja para trabalhar com redação e 2) Downs encontrou uma forma de proteger seu ofício usando uma mochila dentro de outra, um trabalho dentro de um trabalho. Um empenho dentro de um empenho.

DE EMPENHO EM EMPENHO

Um especial de comédia não parece um trabalho. O comediante parece casual e relaxado (a menos que seja Sebastian Maniscalco correndo e pulando no palco). Suas piadas são certeiras. Ele rege a multidão como um maestro conduz uma orquestra. No entanto, fazer um especial de comédia exige uma quantidade enorme de tempo e esforço. Geralmente, esse momento é o ápice de pelo menos um ano de trabalho árduo. Jerry Seinfeld tem um método para criar um especial de comédia. Chama-se "não quebre a corrente".

Quando Seinfeld está trabalhando em um especial de *stand-up*, ele fixa um daqueles grandes calendários de papel tradicionais na parede em um lugar de destaque. Todo dia em que ele trabalha em seu material leva um grande X no calendário. Depois de três Xs seguidos, tem uma corrente.

Assim que ele cria uma corrente, seu objetivo se torna simples, e até pequeno: não quebre a corrente.

Não há como evitar o fato de ter de trabalhar. Mas espaçar o treino regularmente é melhor do que estudar. Trabalhar quatorze horas em sete dias é muito mais produtivo do que trabalhar quatorze horas por dia. Sua capacidade de concentração é melhor para aqueles blocos de duas horas e você acaba perdendo menos tempo. Passar noites em claro não produzirá os mesmos resultados que não quebrar a corrente.

Comece uma corrente e não a quebre.

TRUQUE DO SHANE

Quando comecei na comédia, trabalhei em empregos temporários de construção e aproveitava toda oportunidade para fugir e escrever piadas. Mas percebi que os seguranças do canteiro de obras pareciam passar o tempo todo sem fazer nada. Então, pedi emprego a eles. E consegui. Sou altamente qualificado para não fazer nada. Meu trabalho era sentar em um lugar e não adormecer.

Essa era a hora de desenvolver meu material. Estava sempre com o gravador ligado. Depois, ia para casa e fazia minha namorada ouvir e me ajudar a lapidar todas as minhas ideias de piadas. (Essa relação não durou.)

Eu gravava cada um dos meus números e descobria quais palavras poderia cortar, para que pudesse conseguir mais risadas por minuto. Avaliava o nível das risadas e excluía as piores piadas de minha apresentação.

Por causa disso, eu era o comediante da cidade que sempre tinha o material melhor e em maior quantidade do que qualquer um.

Isso me lembra de uma coisa. É melhor eu voltar a fazer isso, ou serei forçado a arrumar outro trabalho temporário.

MESTRES DO EMPENHO

Aos 75 anos, Joan Rivers tinha a ética de trabalho de um fundador de uma start-up de vinte e poucos anos. Dias livres em sua agenda a enchiam de angústia. Para evitá-los, ela cruzava o país fazendo shows e eventos, embarcando em voos no meio da madrugada de uma forma que cansaria o viajante mais enérgico. Seu documentário, *Joan Rivers: A Piece of Work*, documenta isso.

Charles Schulz, o criador de *Minduim*, desenhou cada uma de suas quase 18 mil tirinhas de quadrinhos sozinho, sem ajuda, por mais de cinquenta anos. Ele escrevia uma tirinha por dia e uma página inteira no domingo, semana após semana. Obviamente, não era uma tarefa fácil. Como ele conseguiu? De segunda a sexta, cinco dias por semana, ele levava seus filhos para a escola. Em seguida, ia para seu estúdio e trabalhava na tirinha até cerca de quatro da tarde, quando as crianças voltavam da escola. Esse era o seu dia. Entre oito e meia da manhã e quatro da tarde, dia após dia, ele trabalhava nas histórias em quadrinhos. Como Seinfeld, ele não quebrava a corrente.

No início dos anos de 1970, Richard Lewis começou a entrar no mundo da comédia *stand-up*. Ele estava morando na cidade de Nova York, fazia apresentações em eventos de microfones abertos e shows em casas pequenas sempre que conseguia. O colega comediante David Brenner viu o potencial de Lewis e lhe emprestou mil dólares para que Lewis largasse seu emprego e trabalhasse exclusivamente na comédia. Hoje esse valor equivaleria a 6 mil dólares. Richard aproveitou ao máximo, e fez apresentações em 340 das 365 noites em um único ano. Acha que Lewis ficou melhor em seu ofício?

ÉTICA DE TRABALHO DE UM FAZENDEIRO

Wil Anderson (o cara que recusa se prender a um repertório) é um mestre do empenho. Ele lança um novo especial a cada ano, todos levando uma brincadeira com seu nome: *Jagged Little Wil, License to Wil, Kill Wil* etc.

No início da carreira, Anderson levava duas malas para a estrada: uma para roupas e outra para seu trabalho. Ele desfazia as malas, pendurava as roupas no armário do hotel e colocava os produtos de higiene pessoal no banheiro. Em seguida, montava seu espaço para seu trabalho diário de comédia, colocando notas, livros e artigos de jornal na mesa do quarto.

Anderson vem de uma família de produtores de leite e tem uma ética de trabalho de fazendeiro. Ele me contou sobre sua vida quando jovem. Todas as manhãs, ele se levantava cedo e ordenhava as vacas. Não havia circunstância em que isso pudesse ser ignorado. As vacas devem ser ordenhadas diariamente. Ponto-final. "Preciso ordenhar a vaca" é a versão de Anderson de "Não quebre a corrente".

Não é nenhuma surpresa que ele seja um dos comediantes de maior sucesso da Austrália. E levou apenas dez anos para se tornar um sucesso.

TRUQUE DO SHANE

Quando me mudei para Boston, achei fácil conseguir empregos para pagar as contas. Eu tinha uma aparência saudável e as pessoas pensavam que quem vinha de Wisconsin tinha a ética de trabalho de fazendeiro. Rapaz, eles estavam errados.

A única coisa pela qual trabalhei duro foi minha comédia. Nunca faltei a um show alegando estar doente.

Meu empenho começou em um evento de microfone aberto semanal na quarta-feira à noite no pior bar da pior parte da pior cidade do estado de Massachusetts: Emerald Isle, em Dorchester. Havia dois banheiros, mas apenas um funcionava, e só para emergências. O aquecimento e o ar-condicionado nunca funcionavam, então o salão era sempre muito quente ou muito frio — verões e invernos em Massachusetts são uma verdadeira alegria. Eles nunca limpavam as serpentinas do bar, então pedir um chope era um erro que ninguém cometia duas vezes. Uma vez, enquanto estava do lado de fora, fui assaltado à mão armada.

Era um verdadeiro show de microfone aberto: qualquer pessoa que se inscrevesse subia ao palco por cinco minutos. E todo mundo ia para o palco. Isso significava que, em vez dos típicos noventa minutos, o show durava mais de quatro horas. Mais não é melhor quando se trata de programas de comédia. Especialmente em eventos de microfones abertos.

Nunca houve um público real, apenas comediantes esperando sua vez de se apresentar, conversando entre si e nunca prestando atenção ao número de ninguém. Era um pouco como invadir uma festa e fazer uma apresentação de *stand-up* que ninguém queria ouvir. Para manter os comediantes bebendo a noite toda, o dono do bar comprava pizza no final da noite e todos que se apresentassem ganhavam uma fatia. Por causa disso, os moradores de rua se inscreviam no microfone aberto para poder entrar e comer. PASSO VERGONHA EM TROCA DE COMIDA.

Emerald Isle era uma experiência que a maioria das pessoas experimentava uma vez e você nunca mais as veria.

Eu frequentava Emerald Isle toda semana.

A cada semana eu escrevia cinco minutos completamente diferentes para apresentar, o que era incomum. Eu também me arrisquei muito e tentei escrever coisas que chocassem os inabaláveis comediantes degenerados que eram meu "público". Por causa disso, às vezes eu conseguia que alguns deles prestassem um mínimo de atenção em mim. Eu costumava receber uma risada por semana.

Foi assim que eu soube que talvez tivesse uma chance nesse negócio.[4]

---

4 Obrigado, Ed Regal, que administrava a espelunca; e obrigado, Rich Gustus, por apresentar aquele desastre. Foi uma das melhores coisas que já me aconteceram.

É HORA DE EXTRAVASAR

A maioria dos vídeos motivacionais do YouTube dirá "Arregace as mangas e mãos à obra". Mas, se você prestar atenção aos livros e artigos sobre truques para melhorar sua produtividade, verá conselhos contraditórios: o tédio é benéfico. Ao se entediar, você gerará ideias e percepções que nunca conseguiria se estivesse apenas trabalhando.

Ambos estão certos.

Essas ideias não são mutuamente exclusivas. Mas a maioria de nós prefere uma e abandona a outra. Ou você não trabalha regularmente e com afinco o suficiente — não protege seu tempo e se empenha — ou não reserva um tempo para extravasar e se recuperar. Você precisa de uma folga.

Jerry Seinfeld não quebra a corrente, mas ainda assim encontra tempo para fazer uma pausa e meditar todos os dias. Ele começou nos anos de 1970. Na época em que fazia o programa de TV *Seinfeld*, enquanto todos iam almoçar, ele meditava por vinte minutos. Costumava almoçar depois, enquanto trabalhava. Ele atribui sua sobrevivência durante os nove anos de *Seinfeld*, que sobrecarregava seriamente sua rotina de trabalho, à prática de meditação. Imagine a pressão de fazer o show mais engraçado do mundo semana após semana. Jerry encontrava um tempo longe do trabalho para se cuidar.

Para alguns leitores com mentalidade empresarial, "meditação" pode soar como uma baboseira hippie normalmente associada a coisas como ioga com cabritos, horóscopos de animais e produtos da Gwyneth Paltrow para suas partes íntimas, mas a ciência da meditação é muito promissora.

Há uma longa lista de pessoas engraçadas que meditam, incluindo Howard Stern, Ellen DeGeneres, Russel Brand, John Mulaney e Kristen Bell.

Pessoas bem-sucedidas têm hábitos diários que favorecem seu trabalho criativo. Então, em algum momento, elas se libertam do trabalho e vão fazer outras coisas. Todas têm atividades em que podem relaxar e se divertir.

Um problema é que muitas pessoas não separam os momentos de se empenhar e os de extravasar. Elas tentam trabalhar o dia todo e, ao mesmo tempo, se divertir o dia todo. Mas as pessoas criativas mais produtivas do mundo têm uma separação nítida entre esses dois momentos.

Proteja seu tempo. Empenhe-se. Extravase.

UM PASSEIO NO PARQUE

"Quer saber o segredo da boa comédia?"

Anos atrás, estava falando ao telefone com Alex Gregory, um cartunista e escritor de comédias. Eu estava começando a estudar comédia, mas não tinha muito conhecimento ou conexões reais. Estava explorando o terreno. Ele me disse sem rodeios: "Você quer saber o segredo da boa comédia?" Eu respondi: "Sim, por favor."

Houve uma breve pausa, e então ele disse: "Almoços longos e tranquilos." Fiquei surpreso. E ele continuou:

> Quando estou trabalhando em um roteiro com meu parceiro de escrita, especialmente quando travamos no meio do processo, saímos para almoçar e sentamos na área externa de um bom café. Aproveitamos um dia ensolarado, desfrutamos de um almoço longo e tranquilo, de mais de duas horas. Passamos um tempo só conversando até que, inevitavelmente, as piadas começam a fluir.

Acontece que, embora boa parte da comédia fale de frustração, conflito e pessoas insuportáveis, na hora de *fazer* a comédia, positividade e criatividade andam de mãos dadas. Você tem que valorizar o empenho sendo um pouco preguiçoso, tirando uma soneca, saindo para uma caminhada. Tudo isso é importante. Você precisa extravasar.

Wil Anderson, o mestre do empenho, reconhece que nem toda atividade para extravasar é válida:

> Às vezes, quando estou escrevendo, a melhor coisa que posso fazer é sentar à mesa por horas e trabalhar em uma piada e depois ir limpar a piscina. Recolho algumas folhas da piscina por vinte minutos e tudo na minha cabeça se

encaixa. Quando o cérebro está funcionando de determinada maneira e o corpo se concentra em outra atividade, o cérebro começa a funcionar de um jeito diferente de quando você está sentado em frente à mesa se concentrando no problema.

Beber até desmaiar não é um bom meio de extravasar. Navegar na internet não é um bom meio de extravasar. Quer saber qual é um bom meio de extravasar? Pés descalços, ar fresco, luz do sol, movimentar-se, ausência de eletrônicos ou presença de pessoas que o enchem de energia.

Um bom meio de extravasar deve ser bem diferente do momento de empenho. Um contexto diferente, uma mudança perceptível. Portanto, saia do ambiente de luzes fluorescentes e mesas retangulares. Vá curtir a natureza. Passe tempo com amigos e familiares afetuosos. Passe um tempo ao sol. Faça uma caminhada de quinze minutos.

TRUQUE DO SHANE

Em primeiro lugar, nunca se deve perguntar a um comediante como ele costuma extravasar. OK, vou me conter e dar uma resposta séria.

Minha opinião sobre essa questão pode ser ligeiramente diferente, e parece funcionar para mim. Eu nunca trabalho demais. Reservo tempo todos os dias para me empenhar e escrever. Estou sempre trabalhando. Mas as aparências enganam; não parece que estou trabalhando. Um exemplo bobo é que, de vez em quando, posso fumar minha maconha e assistir a *Animal Planet*. Mas para mim isso é trabalho... Na verdade, eu realmente não ligo para maconha. Só fumo para trabalhar. Eu provavelmente nunca teria tido interesse em começar um podcast de ciências se não fosse por isso.

Mas a coisa mais importante que faço é sonhar acordado... constantemente. Amo. Sempre fui muito bom em sonhar acordado. Isso me trouxe muitos problemas na escola, mas encontrei uma forma de ganhar a vida com algo que faço naturalmente.

O que meus professores viam como transtorno de déficit de atenção meu público experimenta como criatividade.

Pessoas próximas a mim sabem que muitas vezes minha cabeça está na lua. Tem sido enlouquecedor para quase todas as pessoas com quem me relacionei. Mas, para mim, dois minutos sonhando acordado podem levar a ideias melhores do que duas horas tentando me forçar a escrever quando não estou inspirado.

Quando um pensamento me ocorre, permito-me "divagar". O que pode parecer preguiça ou desatenção são na verdade meus momentos mais produtivos.

Pete pode ter me falado que eu precisava de uma piada para esta seção, mas eu não estava prestando atenção.

VÁ PARA A EUROPA

Durante minha entrevista em podcast com Billy Merritt, o criador da taxonomista de estilo de improviso chamada "Pirata Robô Ninja", do Capítulo 4, ele falou sobre o que é preciso para se tornar um improvisador de elite:

- Dia um, faça uma aula de improviso. (Nenhuma surpresa.)
- Dia dois, assista a alguns shows de improviso.
- Dia três, forme um grupo de prática para trabalhar em seu improviso.
- Dia quatro, vá a shows de improviso independentes. São parecidos com eventos de microfone aberto em que grupos aleatórios de pessoas se reúnem e improvisam.
- Dia cinco, fique longe do estúdio de improviso e estude comédia de forma mais ampla. Assista a filmes e programas de humor, leia livros sobre comédia, e assim por diante.
- Dias seis e sete, vá para a Europa.

É claro que Merritt não está sugerindo que você vá para a Europa literalmente. Vá para a Europa metaforicamente. Isto é, não faça comédia; afaste-se de tudo e experimente o mundo. Ir para a Europa significa fazer algo emocionante e divertido que vai gerar novas ideias. Pode ser ir a um museu, acampar, ir a uma feira de produtos orgânicos ou fazer uma viagem.

Isso tem um benefício duplo. Uma vantagem é que você dá uma pausa no improviso. E então espera ansioso para voltar para ele. É uma recompensa por cinco dias de trabalho árduo. A outra é que ajuda você a se tornar mais interessante. A comédia é sobre o mundo. E sair leva você para o mundo sobre o qual deveria estar fazendo piada.

Todos precisamos desse tipo de perspectiva. Seu momento de empenho será muito mais produtivo depois de se libertar.

IMPLICAÇÃO: CRIANDO UM DIA CRIATIVO

A excelência não é inata e certamente não é estática. Eu estava excelente ontem. Hoje, nem tanto.

A excelência é o resultado de trabalhar duro de maneira deliberada para desenvolver seu talento natural. Você pode até já começar com algum talento. Mas ele se transforma em habilidade real quando você protege seu tempo, se empenha e extravasa. São essas práticas que fazem com que a arte se torne fácil para o mestre artesão.

Mas o mundo do trabalho de hoje nem sempre foi projetado para aproveitar ao máximo os talentos das pessoas. A maioria das empresas tem um layout e um cronograma de trabalho abaixo do ideal. Portanto, até que seu CEO leia este livro e adote essa perspectiva, a decisão é sua.

Como você assume o controle de seu tempo e espaço e os faz funcionar para você? O nome disso é *job crafting*.

Os comediantes não gostam que as pessoas lhes digam o que fazer, e esse é o principal motivo de não terem empregos convencionais. Mas a maioria de nós precisa trabalhar dentro dos limites organizacionais. Temos regras a seguir. Mas, mesmo dentro desse ambiente estruturado, há muitas maneiras de obter o que precisa. Pessoas como Claire Downs e seu "kit de sobrevivência" encontraram uma forma de contornar as regras, criando um trabalho dentro de um trabalho. Não que eu esteja incentivando as pessoas a fazerem isso, mas essa é a mentalidade correta.

Primeiro você deve descobrir o que faz. Não aquelas frases bonitas que o RH tenta fazê-lo acreditar que são sua descrição de trabalho, mas seu trabalho real. O que você faz *de verdade* e pelo qual é recompensado. Os vinte por cento de maior impacto.

Você descobrirá que existem dois tipos de responsabilidades que frequentemente entram em conflito: tarefas criativas (produzir algo) e gerenciar as pessoas criativas que executam as tarefas. Então, qual é a sua? Talvez você seja um híbrido; nesse caso, a questão é: quando assume cada uma delas? É importante saber, porque elas têm necessidades diferentes.

Os criativos fazem coisas exclusivas — designs, relatórios, códigos de computador, protótipos de produtos —, então precisam de um grande bloco de tempo ininterrupto. E, de preferência, em um ambiente que os ajude a aproveitar ao máximo esse tempo.

A responsabilidade do gerente é ajudar os criativos a serem o melhor que podem ser. Com frequência, há conflito entre os gerentes e os gerenciados, porque alguns gerentes pensam que são mais importantes e têm "o poder". Mas são realmente as pessoas que resolvem os problemas e *criam* coisas, que agregam valor (ou seja, os criativos).

Gerenciar não significa controlar — significa ajudar a funcionar no nível mais alto. Grandes gerentes consideram seu papel como liderança servidora. Eles veem seu trabalho como suporte aos criativos, e não o contrário.

Isso nem sempre acontece. Os gerentes desejam fazer reuniões conforme sua conveniência. Então, podem marcar uma reunião às dez horas de uma quinta-feira, bem no meio do momento ideal para seus criadores. A figura a seguir mostra uma versão estilizada da pesquisa que revela como o "cansaço" das pessoas muda com o passar do dia.[5]

---

5 Krueger, A. B., Kahneman, D., Schkade, D. Schwarz, N. e Stone A. A. (2009). National Time Accounting: The Currency of Life. Em *Measuring the Subjective Well-Being of Nations: National Accounts of Time Use and Well-Being*, ed. Alan B. Krueger, 9–86. Chicago: University of Chicago Press. Michaels, Guy. 2008.

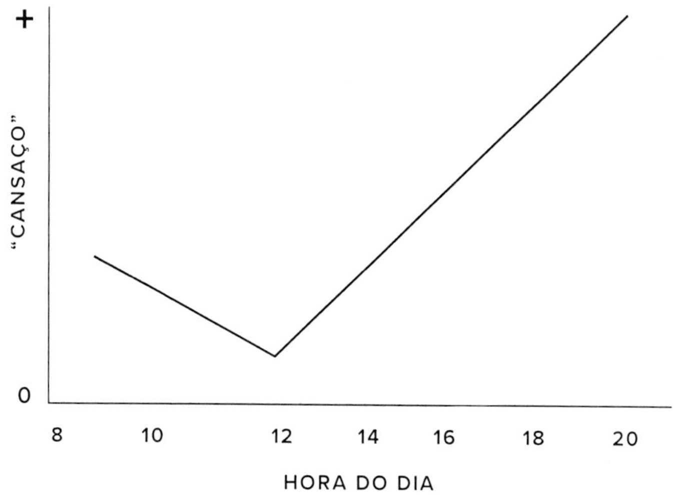

A maioria das pessoas tem muita energia até a hora do almoço. Então, naturalmente, começamos a ficar cansados. É um ciclo natural. Algumas culturas abraçam esse momento de perda de energia. (Quem não gosta de uma boa sesta?) Mas muitas, não. Isso significa que a maioria das pessoas está no seu melhor pela manhã, quando o dia está começando, o que torna a manhã o melhor momento para se concentrar nas tarefas criativas mais importantes. Mas agora a reunião do gerente estragou a festa, forçando o criativo a interromper o fluxo para comparecer ao que costuma ser, vamos ser honestos, uma reunião idiota.

Portanto, gerentes: como vocês podem proteger o tempo e a produtividade de seu pessoal? Como podem ajudá-los a dar o melhor de si? E como podem liberá-los para serem os melhores no dia a dia? Visto que a natureza do trabalho criativo é tão diferente do gerenciamento e, para dizer a verdade, tão estranha, ela exige um tipo diferente de programação. Uma programação criativa.

Meu pensamento neste tópico foi fortemente influenciado por Paul Graham. Ele é o cofundador da Y Combinator, provavelmente a mais famosa aceleradora de negócios e empresa de capital inicial. Ao reconhecer a necessidade de os programadores estarem em sua melhor forma criativa, os gerentes se submetem aos horários da programação criativa e fazem das reuniões de gerência atividades secundárias. Na verdade, eles tentam evitar reuniões tanto quanto possível. Os gerentes mantêm o horário de expediente, uma faixa de tempo em que estão disponíveis para conversar e se reunir. Assim, os criativos podem conversar com o gerente quando for melhor para eles. E, quando precisam ter uma reunião tradicional, sabem que devem agendá-la fora do horário criativo principal. Isso permite que o criativo permaneça no *tempo do evento*, em vez de ser forçado a seguir o *tempo do relógio*.

TIRE O SEU RELÓGIO

A pesquisa sobre a perspectiva das pessoas sobre o tempo identificou que existem dois tipos muito diferentes de pessoas: as que se guiam pelo relógio e as que se guiam pelo tempo do evento.[6]

---

6 Avnet, T. & Sellier, A. L. (2011). Clock Time versus Event Time: Temporal Culture or Self-Regulation?, *Journal of Experimental Social Psychology*, (4) 665-667.

As pessoas que se orientam pelo relógio usam as horas para programar o dia. Elas planejam os eventos em função da agenda e, em seguida, ajustam as tarefas a esses horários. Elas valorizam a pontualidade. E não têm medo de interromper as atividades para passar para o próximo item de sua programação. Os gerentes tendem a ser guiados pelo relógio.

Pessoas que operam pela hora do evento acreditam que as coisas levam o tempo que precisarem. Elas são muito mais flexíveis. Acordam quando acordarem, e alguns dias o café da manhã leva uma hora. Ou duas? Elas permitem que a situação e seus sentimentos guiem a escolha das coisas que fazem. É mais provável que os criativos sejam guiados pelos eventos.

Isso é importante para os criativos porque, quando estão no fluxo, podem continuar, em vez de ter que parar apenas porque o relógio diz que deveriam. Por outro lado, quando estão travados no processo, podem parar e fazer outra coisa, em vez de ter que trabalhar de forma ineficaz até que o "tempo acabe".

Se você já é o CEO ou um líder como Paul Graham, atualmente está em seu poder reestruturar a programação de trabalho e os hábitos de reunião de sua equipe para maximizar o tempo criativo. Se você não é o CEO, é sua função fazer *job crafting* o máximo possível dentro das restrições de sua organização. Planeje tempo produtivo. Trabalhe remotamente algumas manhãs. Agende reuniões falsas para bloquear sua agenda. Converse com seu gerente sobre reuniões no final do dia. Apresente à equipe bons comportamentos que podem se tornar hábitos.

TRUQUE DO SHANE

Como você pode imaginar, Pete é uma pessoa que trabalha orientada pelo relógio. Eu sou um cara guiado por eventos. Concordamos que seria um pouco melhor se eu vivesse um pouco mais no tempo do relógio e ele um pouco mais no tempo do evento. Mas, principalmente, Pete deve se tornar um pouco movido pela hora do evento.

Às vezes vou para a cama às nove da noite, outras vou dormir às seis da manhã. Às vezes, saio do palco exausto e deprimido e tenho vontade de dormir. Outras, saio do palco energizado e inspirado e escrevo a noite toda. Não me forço a trabalhar quando prefiro ir para a cama e não me forço a dormir quando estou inspirado a trabalhar.

Tento estar ciente de quando estou me sentindo mais inspirado e produtivo, e aproveito ao máximo.

Muitas vezes farei uma escrita leve e relaxante para me inspirar, mas simplesmente não será a mesma qualidade se eu forçar demais.

Então saia da minha cola, McGraw.

DESENVOLVA SEU TRUQUE

Mesmo que você adote todas as mentalidades disruptivas que vimos nos primeiros cinco capítulos, para que valha de alguma coisa, você precisa consolidar a tríade criativa: proteger + empenhar-se + extravasar.

CONHEÇA A TI MESMO

Todos nós temos hábitos e pontos cegos, então preste atenção aos seus. Saia do modo automático e passe para o intencional.

- Pare de tentar fazer múltiplas tarefas. Pare de tentar usar a força de vontade. Abandone as mídias sociais. Minimize o uso do e-mail. Faça o que for necessário para criar um tempo de trabalho sem distrações para que possa fazer seu trabalho essencial.
- Para os que não se importam com se distrair ou *acreditam* que são capazes de fazer múltiplas tarefas: comecem a proteger seu tempo produtivo.
- Mestres do empenho (vocês sabem quem são): parem de se desgastar demais. Protejam suas pausas e se distraiam.
- Os que tendem a relaxar demais (vocês sabem quem são): parem de esperar para começar. Protejam sua rotina e mãos à obra.

Em todos os casos, esteja presente de forma intencional e plena no modo que estiver naquele momento — um mestre ferreiro sabe quando pegar o martelo e quando largá-lo.

CRIE O SEU RITUAL

Gosto de criar rituais no meu dia. Hábitos e rotinas são enfadonhos, mas os rituais são especiais. Eles são a recompensa. O próprio processo se torna agradável. Um de meus rituais é me mimar com um delicioso cappuccino (em uma xícara de cerâmica) antes de escrever. Quando o cappuccino termina, é hora de começar.

- Quais são seus rituais?
- Que rituais você gostaria de ter?

TRUQUE DO SHANE

Quando saio da cama, a primeira coisa que faço é dançar break por trinta minutos antes de começar meu processo de escrita.

Outra coisa que faço é, quando não tenho vontade de escrever, tentar inventar uma mentira para me divertir. Isso faz meu cérebro pegar no tranco.

PARE DE FAZER REUNIÕES IDIOTAS

Uma das invenções mais estúpidas é a reunião de sessenta minutos. Na maioria das vezes, uma reunião de dez ou quinze minutos é suficiente. Mas as reuniões sempre se expandirão para preencher o espaço que você lhes dá.

Gerentes: agendem reuniões no final do dia, em vez de deixar que ocupem o horário de criação principal. E, antes de fazer isso, perguntem-se:

- Isso realmente precisa ser uma reunião?
- Posso agendar essa reunião de modo a minimizar o efeito sobre o tempo criativo?
- Quanto tempo ela realmente precisa ter?

Criativos: tenham seu momento de empenho pela manhã e extravasem à tarde. É a hora de fazer outras tarefas, divertir-se, ler os e-mails. Concentrem-se deliberadamente em:

- Proteger seu tempo e espaço de coisas como e-mail, reuniões e assim por diante.
- Sentir-se confortável em não estar disponível, dizer "não", postergar as tarefas menores.

Porque, seja você um criativo, seja um gerente, está ajudando a criar aquilo que é de fato recompensado: um livro, um seriado de TV de sucesso, um novo software.

Em nosso próximo *Fora da Caixa*, você verá que não importa apenas a que horas faz a reunião, mas também onde.

FORA DA CAIXA: DIMINUA AS LUZES

Se você já foi a um bom clube de comédia, deve ter notado que ele está organizado de uma forma particular: uma sala mal-iluminada, geralmente em um porão com teto rebaixado. A manjada parede de tijolinhos vermelhos ao fundo, um banquinho no palco e um único microfone em um pedestal. Ah, sim: e a sala é um pouco fria.

Essas são escolhas propositais. Os proprietários de clubes de comédia projetam seu espaço para maximizar o riso. As ciências comportamentais endossam essas escolhas de forma teórica ou empírica.

ESCURIDÃO

A sala está escura porque a escuridão ajuda a criar o anonimato. A pesquisa sobre isso é clara: pessoas anônimas têm maior probabilidade de se comportar sem se preocupar com o que os outros pensam sobre elas. Isso é importante quando você tem um comediante no palco fazendo piadas picantes. E a maioria dos comediantes faz — porque eles estão explorando a linha divisória entre violação benigna e violação autêntica. Com as luzes apagadas, ninguém pode identificá-lo como a pessoa que está rindo de uma piada estranha.

TETO REBAIXADO

Com tetos altos, o riso da plateia sobe e desaparece. Mas os tetos baixos fazem as risadas ecoarem e se espalharem pela sala. Pesquisas sobre humor mostram como o riso é contagiante. Ouvir alguém rir pode fazer você rir, mesmo sem saber do que está rindo. O efeito do riso como um fenômeno contagiante é tão poderoso, que, na ioga do riso (sim, isso existe), as pessoas começam fingindo que riem. E depois passam para uma risada real e genuína — o que é chamado de riso de Duchenne. A risada verdadeira e alegre.

FRIO

O estúdio do *Late Show* era notoriamente frio. Exatamente 12 graus Celsius. Eu sei porque, em uma apresentação no verão, recebi uma advertência por escrito para não usar shorts e camiseta. Mandei um e-mail para Merrill Markoe perguntando por que David Letterman queria o estúdio tão frio. Ela respondeu simplesmente: "D. L. gosta assim."

Depois de bisbilhotar, descobri que Letterman fez experiências com diferentes temperaturas. Ele descobriu que o ar frio deixava o público mais alerta — algo que você deseja de uma plateia em um estúdio. As temperaturas baixas têm um benefício adicional: ele não suaria em um terno sob as luzes quentes do estúdio. Portanto, a maioria dos bons clubes de comédia usa a baixa temperatura para manter a multidão viva e o comediante com boa aparência.

FUNDO VERMELHO E PALCO LIVRE

A parede de tijolos vermelhos é tradição, uma homenagem ao primeiro clube de comédia dos Estados Unidos, o Improv, de Manhattan. Teoricamente, o vermelho é útil porque é mais excitante do que outras cores. A pesquisa não foi feita sobre o uso de vermelho na comédia, mas um fundo vermelho pode melhorar a experiência do público, certamente mais do que, digamos, um fundo azul.

Mas os tijolinhos vermelhos foram um acidente. Ou pelo menos não foram intencionais. Budd Friedman, o criador do Improv original, escreveu em suas memórias que o Improv havia sido anteriormente um restaurante vietnamita com parede de gesso forrada com painéis. Durante a reforma, Friedman derrubou o painel e a parede de gesso do palco. Atrás havia tijolos vermelhos. Ele deixou assim porque estava com um orçamento tão apertado, que não podia reformar mais nada.

Aplique o raciocínio inverso para essas características e descobrirá por que não é surpresa que seja tão difícil arrancar risadas em uma igreja.

TUDO JUNTO É MELHOR AINDA

Tudo isso torna uma sala ideal. Infelizmente, há muito mais ambientes de clube de baixa qualidade do que clubes excelentes. Entrevistei o comediante Todd Glass para meu podcast. Esse homem pensou mais sobre design de clube de comédia do que qualquer proprietário de clube de comédia: só porque a iluminação vai até o nível dez no quadro de luz não quer dizer que você precise deixá-la no dez... por que pintar um mural que acabará se tornando uma distração no fundo do palco? E assim por diante. Ele agora está em uma missão pessoal de consertar salas de comédia ruins.

Enquanto conversávamos sobre o valor dos diferentes elementos que melhoram ou destroem um clube, eu o obriguei a fazer uma "Escolha de Sofia" dos elementos mais importantes. Sua ordem foi: 1. Frio; 2. Escuridão; 3. Teto baixo; e 4. Plano de fundo discreto.

Imediatamente após fazer essa classificação, Glass respondeu que, de fato, todos esses elementos são necessários. Você pode até classificá-los em uma ordem de importância, mas na prática isso não é verdade. Um cirurgião não seria capaz de operar em uma sala que tem metade das coisas essenciais que tornam ideal uma sala de cirurgia.

Para promover o livro *The Humor Code*, Joel e eu fizemos uma pesquisa com comediantes para descobrir os melhores clubes de comédia do país. Os vencedores tinham todos os quatro elementos. Na verdade, aos olhos de algumas pessoas, algumas salas eram boas *demais*. A certa altura, os talk shows noturnos começaram a se recusar a gravar qualquer demo que tivesse sido gravada na Ice House em Pasadena. A sala é tão boa, que pode fazer um comediante medíocre parecer ótimo.

Um desses clubes excepcionais é o Comedy Works no centro de Denver, que pertence a Wende Curtis. Os comediantes adoram o Comedy Works. É o espaço favorito de Dave Chappelle. Joe Rogan recentemente gravou um especial lá. O surpreendente é que Curtis vai muito mais longe do que paredes de tijolo vermelho, tetos baixos, temperaturas frias e luzes fracas. O comediante não gosta da comida de bar que o Comedy Works serve? Não tem problema, eles mandam alguém até o restaurante da rua de baixo buscar sushi. A maioria dos clubes de comédia aluga um quarto de hotel ou tem um apartamento estilo albergue para hospedar os comediantes viajantes. Curtis não: ela comprou um apartamento de um milhão de dólares a alguns quarteirões do clube para hospedar os comediantes.

Ela criou todo um contexto que deixa os comediantes felizes. É um ótimo investimento da parte de Curtis, e agora ela tem um dos melhores clubes de comédia, onde comediantes de nível mundial adoram se apresentar. Os comediantes, o público e Curtis ganham.

COMO É O SEU ESPAÇO DE TRABALHO?

A mesma consideração pelo contexto serve para o projeto dos melhores lugares para as pessoas trabalharem. Como bem sabem as empresas de design, como Gensler e OfficeUntitled, um ambiente ruim pode sufocar até mesmo os melhores talentos.

A temperatura e a iluminação são elementos-chave nos espaços de trabalho, assim como nos clubes de comédia. Muitos de nós sofrem durante as reuniões em salas de conferências geladas ou quentes demais e sofremos sob a luz pálida e barulhenta das lâmpadas fluorescentes. Mas, embora o anonimato seja importante para a comédia, outro fator para a produtividade é a *privacidade.*

Você provavelmente está ciente de que os espaços de escritório em plano aberto estão na moda. Cubículos e paredes foram retirados de escritórios em todo o mundo para abrir espaço para longas mesas de trabalho compartilhadas. Dezenas e até centenas de trabalhadores podem compartilhar o mesmo espaço aberto. Tudo isso para incentivar mais interação e colaboração entre os trabalhadores. Mais luz natural às vezes é um benefício adicional. Além disso, eles parecem muito mais descolados do que cubículos.

Acontece que os escritórios de plano aberto são, em sua maioria, um fracasso. Em geral são barulhentos e facilitam a distração. A maioria das pessoas recorre a fones de ouvido com cancelamento de ruído para conseguir trabalhar. Pesquisas recentes mostram que a interação dos funcionários e a produtividade geralmente *diminuem* quando as pessoas ou os escritórios mudam para o plano aberto.

Mas, criticamente, escritórios abertos não oferecem *privacidade* para conversas ou chamadas reservadas. Os melhores locais de trabalho têm a opção de ambientes abertos e fechados, onde as pessoas podem fazer a transição de forma rápida e fácil de acordo com as necessidades. Cubículos com divisórias de tecido podem ser feios, e escritórios pessoais podem criar terríveis batalhas pelo melhor espaço, mas fornecem interrupções visuais e amortecimento de ruído. Isso dá às pessoas *alguma* privacidade — o que, ao que parece, é importante para ser produtivo.

Você não precisa ser uma grande empresa multinacional para projetar um espaço de trabalho adequado.

Charlie Merrill é um fisioterapeuta em Boulder que criou um espaço para otimizar resultados. Ele inventou o Método Merrill, uma abordagem de ponta para lidar com a dor. O método requer uma entrevista aprofundada com seus clientes, na qual ele passa uma hora fazendo perguntas e ouvindo antes mesmo de examiná-los. Para facilitar essa abordagem, ele se livrou de tudo que deixava seu consultório parecido com um hospital. Os principais elementos da sala são duas cadeiras confortáveis de aspecto moderno. Ele começa cada sessão sentando-se frente a frente com seus pacientes enquanto eles conversam e ele faz anotações. E então, quando chega a hora, eles passam para uma área aberta ou para sua mesa de exames, a fim de iniciar o diagnóstico físico.

Pense em como isso é diferente da experiência típica em um ambiente médico — em que você fica sentado sem jeito em uma mesa de exame enquanto um médico igualmente sem jeito fica parado perto de você, tentando terminar a conversa o mais rápido possível.

Não tenha medo de sair do *mainstream* para criar um ambiente que favoreça cooperar para inovar.

CAPÍTULO 7

SUBA NO PALCO MAIOR

Como conseguir que Bill Murray apareça em seu filme?

Não é possível ligar para seu agente, pois ele não tem um. É preciso achar alguém que saiba seu número 0800. Isso mesmo. Seu 0800. Ele ainda atua em filmes, então sabemos que alguém tem seu número. Ou seja, você tem que descobrir quem tem e, depois, convencer essa pessoa a *lhe* passar o número. Não é nada fácil, porque ninguém quer ser o idiota que passou o número de Murray para outro idiota.

Suponha que você seja bom, tenha sorte e consiga o número.

Daí, você liga e fala: "Olá, sou produtor, diretor e escritor. Tenho um projeto novo de um filme interessante... Blá, blá, blá."

Você desliga. Espera e fica torcendo. E, se for bom e tiver sorte, receberá uma ligação do nada. A pessoa do outro lado da linha lhe dirá: "Sr. Murray está interessado em seu projeto. Por favor, envie a descrição do projeto, em uma página, para esta caixa postal."

Com grande entusiasmo, você escreve seu *one-pager* e o envia pelo correio.[1] Espera e fica torcendo. E, se for bom e tiver sorte, receberá uma ligação. A pessoa do outro lado da linha perguntará se você pode se encontrar com o Sr. Murray na quinta-feira.

Em Dublin.

"Não? Ok. Que tal sábado às 15h, no Aeroporto de Los Angeles?"

Sim! Você chega ao local. Um carro preto está esperando — com Bill Murray dentro. Caramba! Bill Murray!

Após uma longa viagem, chegam a uma casa em que ambos vão jantar e discutir o projeto. E, se você for bom e tiver sorte, no final da refeição o Sr. Murray dirá: "Vamos fazer um filme."[2]

Pessoas famosas são ricas, mas dificilmente têm liberdade. Murray encontrou formas de potencializar a sua. Ele tem

---

1 Se você me ouviu, já terá um *one-pager*.

2 Isso não vale para Wes Anderson, que dirigiu Murray mais do que qualquer outro. Quando Wes liga, ele imediatamente diz "sim".

um número 0800 e uma caixa postal. Compra passagens só de ida, decidindo seu retorno com base no quanto está se divertindo (a pessoa certa para você sair e curtir.)

E ele se diverte para valer. Vai a festas de despedida de solteiro, anda de bicicleta infantil em pleno Walmart, protagoniza *photobombs* em noivados, convence baristas do Starbucks a colocar um pouco de uísque em sua gemada, canta no karaokê com estranhos. E o meu favorito: caminha sorrateiramente atrás de desconhecidos na rua, cobre seus olhos com as mãos e pergunta: "Adivinha quem é?" Quando as pessoas se viram e veem quem é, ele diz: "Ninguém nunca vai acreditar em você mesmo", e simplesmente vai embora.

Lenda viva.

O PALCO PARA O SUCESSO

Quando você está buscando construir uma carreira séria, precisa pensar em crescimento. Para tanto, os mestres da comédia ultrapassam seu status quo — mesmo quando está funcionando. Eles têm que estar dispostos a deixar esse palco para trás e passar para o próximo, o maior.

E você também.

A fim de encontrar sua própria versão de uma vida extraordinária, pense grande. Veremos três maneiras de fazer isso:

ir para um lugar maior, encontrar uma plataforma maior e ter uma perspectiva maior.

Primeiro: não é crescer ou ir para casa. Para crescer, talvez você precise sair de casa.

UM LUGAR MAIOR

Para muitos, subir em um palco maior significa ir para um lugar maior. Literalmente.

Para encontrar oportunidades de crescimento, Trevor Noah fez as malas e mudou-se de Joanesburgo, na África do Sul, para os Estados Unidos. Rebel Wilson se mudou de Sydney, na Austrália, para Hollywood. Jim Jefferies saiu da cidade de Perth e foi para Sydney e Londres enquanto despontava em sua carreira, e depois para os Estados Unidos.

Se você é velho o bastante, então conhece as piadas de Yakov Smirnoff:

> Na Rússia, tínhamos apenas dois canais de TV. Um só passava propaganda. O outro era um oficial da KGB que vivia falando: "Volte imediatamente para o canal de propaganda."

Ele trabalhava em navios de cruzeiro no Mar Negro (apelidou-os de "Embarcações do Amor"). Em 1977, após dois anos tentando, finalmente conseguiu chegar aos Estados Unidos. Mas, como não falava inglês, precisava de um tradutor. Quando o funcionário da imigração lhe perguntou qual era sua profissão, ele disse "comediante". Infelizmente, o tradutor escolheu "organizador de festas". Smirnoff quase foi enviado de volta à União Soviética no dia seguinte.

Não raro, jovens aspirantes a comediante se mudam para a cidade grande para tentar buscar uma oportunidade. Às vezes, isso acontece após uma grande oportunidade.

Gad Elmaleh é o Jerry Seinfeld da França. Ele é um superstar; em todos os lugares por onde passa, vive cercado por fãs pedindo autógrafos. Decidiu que desejava ir para um lugar maior e — como falarei em breve — uma plataforma maior. Então, mudou-se para os Estados Unidos. Como um comediante inteligente, fez um *stand-up* na Netflix chamado *American Dream*, que satiriza sua jornada de "peixe fora d'água". O *stand-up* começa com sua chegada ao Aeroporto de Los Angeles. Ele se aproxima do agente de imigração e pergunta sobre a fila VIP. O agente acena para ele ficar na fila com todo mundo.

Nessa apresentação da Netflix, Elmaleh faz piada sobre sua mudança:

> Há 23 anos faço *stand-up* na França. Acabei de me mudar para cá e estou começando de novo.
>
> Tenho certeza de que todo mundo já ouviu esta história muitas vezes: o cara que se mudou para os Estados Unidos

com um dólar no bolso. E trabalhou tanto, que fez uma fortuna.

Eu me mudei para cá com uma fortuna.

Mesma história, galera, só que ao contrário. O que é mais difícil, aliás. Porque, se eu quiser manter o mesmo estilo de vida que tinha em Paris, e não conseguir isso aqui, voltarei para lá com um dólar no bolso.

PREPARANDO SUA MUDANÇA

No mundo da comédia, Nova York é considerado o lugar para crescer e Los Angeles é o lugar para lucrar.

Falei sobre essas ideias com Joe Rogan em seu podcast. Levantei a hipótese de que um comediante deveria buscar ser o nome mais conhecido de sua cidade, da mesma forma que todas as grandes cidades norte-americanas têm uma estrela do rap local (por exemplo, Pittsburgh tem Wiz Khalifa, Houston tem Scarface). A certa altura, essa estrela do rap se torna um sucesso e se muda para L.A. ou Nova York.

Portanto, eu pensava que, quando você é o homólogo da comédia de Wiz Khalifa em sua cidade, você se muda. No entanto, Rogan enxergava isso de forma diferente. Para ele, quanto mais cedo um comediante puder se mudar, melhor:

> Você precisa estar perto de outros comediantes que detonam. É muito importante. Cada etapa dessa caminhada é importante. Você precisa estar perto e andar com eles. Precisa estar perto deles no palco. Nós buscamos inspiração mútua. Nós inspiramos uns aos outros de um jeito que não acho que os rappers fazem— quero dizer, posso estar errado, mas não acho que eles fazem isso, pois acabam se julgando devido ao peso da longa tradição do rap nacional.

Para Rogan, um comediante deve adquirir uma competência geral — trinta minutos de bom material — e, então, "Vaza daí. Você tem que ir para L.A. ou Nova York".

Porém, mudar-se para um lugar maior não se trata apenas de ganhar reputação. Trata-se de se conectar com as pessoas que lhe servirão de inspiração. Ele continua:

> Porque você tem que estar perto dos feras. Tem que ver Bill Burr aparecer sem avisar no Comedy Store em uma noite de terça-feira e se apresentar por quinze minutos. Tem que assistir a Joey Diaz roubando a cena no Original Room às 23h. Tem que ver esses caras e estar perto deles. Quando você está perto de uma equipe de comediantes que leva sua atuação para um novo patamar, sente um fervor inspirador. Praticamente universal.

Tiffany Haddish é uma das melhores comediantes da atualidade, mas seu primeiro papel como artista paga foi na El Camino Real High School, em Woodland Hills, LA. Ela queria ser uma líder de torcida, mas a estrutura, as regras e a inflexibilidade da equipe a fizeram desistir. Em vez disso, ela se tornou a mascote da escola: um colonizador espanhol. Ela basicamente podia fazer o que quisesse e começou a agitar as multidões não apenas com seus movimentos engraçados, mas no microfone — algo que nenhuma outra mascote do distrito havia feito. Ela era tão boa, que a escola começou a pagar para mantê-la na função.

No entanto, o que a ajudou a começar foi estar no lugar certo. Aos quinze anos, Tiffany foi para o Laugh Factory Comedy Camp, na Sunset Strip [em Los Angeles]. Enquanto esteve lá, aprendeu uma rigorosa lição de como "se divertir" com... Richard Pryor, pois, se você se diverte como artista, o seu público se divertirá também. Claramente, isso é algo que ela fez como uma mascote.

E você nunca sabe em quem vai esbarrar ou aonde isso vai levá-lo.

COOPERE COM A MUDANÇA

Por muitos anos, os maiores comediantes de Denver foram um trio de comédia chamado The Grawlix. Ben Roy, Adam Cayton-Holland e Andrew Orvedahl tinham um show mensal de *stand-up* e esquetes. Pouco tempo depois, eles escreveram um roteiro especulativo para um programa de comédia e o enviaram para uma competição do Amazon Prime. Ficaram entre os dez primeiros, mas não venceram.

No entanto, conseguiram vender o programa para a TruTV e foram a Los Angeles para pôr a mão na massa.[3]

Quando o trio Grawlix deixou Denver, isso abriu espaço para o próximo nível de comediantes preencher tal lacuna. Mas não aconteceu. Seis ou sete comediantes de Denver se mudaram para Los Angeles ao mesmo tempo. Parece estranho, visto a oportunidade que acabara de surgir na cidade. Ao considerar o conceito de "Coopere para Inovar", esse pensamento faz mais sentido.

Luisa Diez, *booker* de comédia e antropóloga da cidade de Nova York, falou sobre isso no meu podcast:

> Nos últimos anos, esses outros cenários prosperaram, com certo status e bons talentos, como Denver, Chicago, Nova Orleans e, por um tempo, Atlanta. Eles desenvolveram know-how e plataformas suficientes nas quais seus talentos aprimoraram suas habilidades e se tornaram bons o bastante para se mudarem para Nova York e Los Angeles. Porém, em vez de se mudarem por conta própria, começaram a se mudar em grupos. Denver mudou em grupos. Chicago mudou em grupo. Percebi isso primeiro em Nova Orleans.
>
> Isso significa que eles criaram um pequeno ninho seguro para si mesmos. Ou seja, se seis deles já se conhecem

3 O show se chama *Those Who Can't*, e é sobre professores do ensino médio que são mais imaturos do que seus alunos. Fiquei contente por eles não terem feito o programa sobre professores universitários.

há alguns anos, acompanham a carreira uns dos outros e se mudam para uma cidade mais ou menos na mesma época, logo todos começam a fazer shows e convidam uns aos outros para seus shows. Você pode fazer esse tipo de parceria e sua rede se torna mais forte do que ficar por aí alguns anos até que as pessoas reconheçam seu rosto.

Mais uma vez, não se trata apenas de lucro, mas de desenvolvimento.

SUA SEGUNDA CHANCE

Richard Florida é um demógrafo da Universidade de Toronto. Seu livro mais recente se chama *Who's Your City?*. Um péssimo título, mas sua premissa é fascinante. O autor argumenta que o lugar onde moramos é provavelmente a segunda decisão mais importante que tomamos em nossa vida (depois de com quem você se casa, supondo que se case). Porque onde você decide morar determinará muitas das oportunidades que tem — em termos de possíveis empregos, a qualidade desses empregos e das pessoas com quem trabalhará e, por consequência, o quanto pode aprender e a riqueza que pode obter. (Além de um bom lanche e de uma boa pizza.)

Quando se trata de determinada categoria de emprego, existe somente meia dúzia de lugares onde se pode ir para de fato alcançar sucesso na área. Por exemplo, se seu negócio é moda, você dever ir para Nova York, Paris ou Milão. Seu crescimento pode ser limitado pelo local em que começa, então mudar-se para um lugar maior pode ser necessário para levar sua carreira para um novo patamar. As grandes cidades costumam ser esse lugar.

Metade da população dos Estados Unidos vive em áreas metropolitanas, e esses centros urbanos não param de crescer. É uma decisão difícil mudar a sede de uma empresa, porém as empresas se mudam para cidades maiores quando precisam de melhores talentos, mais oportunidades de colaboração, mais clientes e mais capital. Essas foram as razões citadas pela Chipotle quando mudou sua sede de Denver para LA. Em 2018, a General Electric se mudou de Fairfield, Connecticut, para Boston. A Dyson se mudará de Malmesbury (cerca de duas horas a leste de Londres) para Cingapura, com o intuito de ficar perto de sua produção e de um mercado asiático em rápida expansão.

Talvez Dorothy ache que não há lugar como o nosso lar, mas, às vezes, para encontrar todo o seu potencial, é preciso abrir mão de Wyoming. Desculpe, Wyoming. O Parque Nacional de Yellowstone ainda é incrível.

TRUQUE DO SHANE

Consegui um palco maior ao me mudar para Boston, mas evitei veementemente Nova York e Los Angeles. Estar longe dos holofotes pode ser benéfico. Na verdade, isso pode lhe dar uma vantagem. Ser desconhecido passa às pessoas a sensação de que encontraram um tesouro escondido. Agentes, gerentes e *bookers* noturnos querem descobrir alguém e lhe dar uma chance.

Em 2007, fui selecionado para o HBO US Comedy Arts Festival. Foi o maior festival do país e uma das melhores oportunidades para um jovem comediante. Fui o último de 24 novos comediantes escolhidos. Boa parte dos comediantes já despertava o interesse do mercado e posteriormente faria coisas bem maiores do que eu jamais faria. Pessoas como John Mulaney, Kyle Kinane e TJ Miller deixavam todo mundo animado antes mesmo do festival começar. Acontece que esse festival era para descobrir alguém, porém muitos desses comediantes já estavam em Nova York e Los Angeles. Isso significava que o mercado de comédia já os conhecia e tinha visto o seu melhor.

Quando subi ao palco, ninguém nunca havia me visto e peguei todo mundo de surpresa. Acabei ganhando o prêmio de melhor *stand-up* do festival. Arranjei um empresário, um agente e um espaço na madrugada televisiva.

UMA PLATAFORMA MAIOR

Outra maneira de encontrar um palco maior não é necessariamente em um lugar maior. É em uma plataforma maior — seu alcance.

No final da década de 1970, Steve Martin se tornou o maior comediante de *stand-up* do planeta ao adotar uma restrição autoimposta: não contar a variedade de piadas tão populares nos programas de TV noturnos. Em vez disso, fez malabarismos, animais de balão e se comportou como um cara rebelde e louco. Na minha apresentação favorita, ele levou toda a plateia para fora do clube, para a rua. Simples assim. Em seu auge, lotava estádios de futebol. A multidão era tão grande, que ele começou a usar um terno branco para que todos pudessem enxergá-lo no palco. Também apareceu no *Saturday Night Live*, estrelou, escreveu e dirigiu filmes.[4]

Ao observar a carreira de alguém, você tem um vislumbre. Analisa o currículo dessa pessoa. Mas, se olhar mais atentamente, verá que todas essas coisas incríveis se desenvolveram e foram construídas com o tempo. Martin não começou sendo mundialmente famoso. Ele buscou habilidade em uma área e, então, a alavancou a fim de mudar para uma nova área, ao mesmo tempo que conquistava um alcance mais amplo.

Um ferreiro que passou da fabricação de espadas à construção de arranha-céus.

---

4 Recentemente, Martin ganhou um Grammy por tocar banjo. Sim, um Grammy. Ele começou a tocar quando tinha 19 anos. Embora não fosse muito bom, pensou: se praticasse todos os dias, "em quarenta anos ficarei muito bom". Bem, demorou cerca de cinquenta; de qualquer forma, Martin sabe como se esforçar.

DE LUGARES A PLATAFORMAS

Ter uma plataforma maior é uma oportunidade de divulgação. Você pode fazer isso acontecer alavancando seu sucesso em uma área para alcançar mais pessoas em outra.

Os Irmãos Marx começaram no vaudeville antes de chagarem à Broadway (um palco maior) e, depois, ao cinema (ou seja, o maior palco de sua época). Mesmo no mundo da comédia, as pessoas se destacam e vão para além da comédia. Ellen DeGeneres se tornou uma concorrente da Oprah no espaço diurno dos talk shows. Jamie Foxx passou do *stand-up* ao hip hop e, depois, a atuações dignas de Oscar.

Não é nenhuma surpresa encontrar lugares específicos que se tornam incubadoras de talentos. O Improv, em Nova York. O Comedy Store, em LA. O Second City, em Chicago. Esses locais são simultaneamente cooperativos e competitivos.

Seja no set do *Saturday Night Live*, seja nas equipes de improviso, o sucesso dessas pessoas e desses lugares gera sucesso para mais pessoas nesses lugares. E então o mercado começa a buscar talentos nesses locais. O Upright Citizens Brigade se tornou um fomentador de *sitcoms* da mesma forma que o The Comedy Store se tornou um fomentador de especiais da HBO. O Second City se tornou uma fonte para o *Saturday Night Live* e, depois, o *Saturday Night Live* se tornou uma fonte para filmes.

Em geral, lugares maiores levam a plataformas maiores.

Caso sinta que está a anos-luz de distância de onde queria estar, seja em um lugar, seja em uma plataforma, não tenha medo. Você só precisa de intenção pessoal para realizar uma mudança. Talvez, para conquistar seu objetivo final, seja necessário começar em uma área diferente. Você pode escolher seu caminho, adquirindo novas habilidades à medida que avança em seus objetivos.

E, talvez, você descubra que essa experiência inusitada seja o diferencial que lhe proporciona uma vantagem. Nada se perde quando se sabe alavancar essa vantagem.

ALAVANQUE SEU VALOR

Assim como acontece em todos os caminhos para um palco maior, a mudança para uma plataforma maior geralmente ocorre em fases.

Digamos que você seja a Coca-Cola. Ao começar, seu foco é expandir o reconhecimento de sua marca, informar às pessoas o que oferece e mostrar-lhes como isso contribuirá para a felicidade delas. Você começa pequeno e fica conhecido por um motivo: refrigerante em uma garrafa de vidro curvilínea. Quanto mais sua marca se torna conhecida — e positivamente vinculada — em seu nicho, mais valor de marca você agrega.

Quando se tem um valor de marca positivo, é possível alavancá-lo para expandir a plataforma. Muitas vezes, a primeira coisa a se expandir é a linha de produto estabelecida, também conhecida como *extensões de linha de produto*. Desse modo, a Coca produz a Coca Diet e a Coca-Cola Cherry, o que também inclui novas extensões de embalagem — latas, garrafas de plástico, garrafas de dois litros, máquinas de refrigerante etc. Isso aumenta as chances de as pessoas comprarem seu produto, mas normalmente impacta o valor da marca de formas sutis.

Mais tarde, você pode alavancar seu valor para transformar seu produto em algo novo, o que é conhecido como *extensões de marca*. Uma das marcas flexíveis de maior sucesso foi o Grupo Virgin, de Richard Branson. Seu primeiro empreendimento foi uma revista que ele publicou quando tinha 17 anos. A marca Virgin foi lançada em 1970, quando ele começou a vender música por correspondência. Logo em seguida, ele inaugurou uma loja de música. Sete anos depois, sua gravadora fechou contrato com os Sex Pistols. Na década de 1980, a Virgin se envolveu em coisas como viagens, hotelaria e videogames. Na década de 1990, o frenesi da extensão de marca da Virgin estava a todo vapor, com Branson tentando de tudo, e pelo visto desenfreadamente: companhia aérea, vestuário, casamentos, cinema, cosméticos, rádio, televisão e muito mais. Muitos desses empreendimentos duraram pouco. Hoje, o Grupo Virgin ainda tem mais de sessenta empreendimentos ativos, e um deles é capital de risco.

Essas extensões de marca às vezes vão *muito longe*. A Dr. Pepper sabia que as pessoas usavam seus refrigerantes em receitas de churrasco, então decidiu lançar seus próprios molhos e marinadas. A Bic foi de canetas descartáveis para lâminas de barbear descartáveis e... meias-calças descartáveis. E a Colgate decidiu que poderia alavancar seu valor de marca em um mercado crescente: refeições congeladas.

FAÇA A MUDANÇA

Quando você deseja expandir sua plataforma e influência para controlar melhor sua carreira, é necessário considerá-la de um jeito diferente: para quem você trabalha e em quais setores.

A plataforma é maior do que a cidade em que você vive e trabalha. A plataforma é o tipo de alcance desejado. Seu objetivo pode não ser o de um típico comediante — fazer centenas de pessoas rirem enquanto se apresenta em um palco. Talvez você prefira fazer milhões rirem nos cinemas (ou no equivalente da sua área). Ao fazer isso, é possível identificar oportunidades com maior alcance e maiores recursos.

Contudo, qual é a maior plataforma que possibilita que você capitalize suas habilidades? E quando arriscar para aproveitar essa nova oportunidade? Costumamos evitar essas questões importantes, sobretudo porque elas podem nos levar à mudança.

Para ter a carreira que sempre sonhou, você está saindo do *mainstream*, criando abismos, cooperando para inovar, trabalhando bem ou mal trabalhando. Uma carreira que cria coisas incríveis e virais.

Assim, ao procurar uma plataforma maior e melhor, é importante considerar que a oportunidade mais promissora pode estar à sua espera em uma empresa, um setor ou um meio diferente.

UMA PERSPECTIVA MAIOR

Os comediantes perguntam "por quê?" quando escrevem piadas, mas perguntam "por que não?" quando vivem suas vidas. Inspirado por essa constatação, contarei uma história pessoal.

Como professor, participo de congressos acadêmicos. Para que as viagens sejam menos entediantes, organizo um jantar, geralmente na última noite do congresso. Convido um grupo de amigos profissionais (ou seja, de negócios) que se tornaram amigos pessoais.

Em geral, é um jantar repleto de professores das melhores faculdades de negócios. A maioria obteve seu doutorado em universidades particulares de elite. São pesquisadores e professores talentosos, e alguns, suspeito, se tornarão reitores.

Restrinjo os assentos a oito pessoas, pois fica difícil manter uma conversa em grupo com mais do que isso. Há os frequentadores titulares e os reservas, caso os primeiros não estejam disponíveis. Para que o jantar ocorra sem problemas, tenho regras: você não pode convidar outras pessoas, é preciso chegar na hora certa etc. Os frequentadores tiram sarro de mim por causa disso e carinhosamente apelidaram esse evento de Jantar do McGraw. O grupo gosta de reclamar das minhas regras, mas aprecia o fato de não termos pessoas descontroladas que querem ser o centro das atenções para falar sobre seus métodos de pesquisa.

Eu falo bastante. Não consigo me controlar. No entanto, há muitos anos, durante um desses jantares, decidi ficar quieto e ouvir. Escutei como as pessoas na mesa falavam sobre seus desafios profissionais. E, se você é professor de uma dessas faculdades importantes, desafios não faltam. As taxas de aceitação em publicações acadêmicas ficam abaixo de dez por cento. Os alunos são exigentes e o volume de trabalho é intenso. Na comunidade acadêmica, existe um ditado sobre a flexibilidade do cargo: você pode trabalhar as oitenta horas que quiser.

Quando ouvi o grupo conversar a respeito de seus desafios profissionais, percebi algo chocante no jeito como falavam. Abordavam esses desafios como se fossem pequenas ocorrências passageiras e irritantes que atrapalhavam as grandes coisas que estavam fazendo. Para eles, não era como matar um leão por dia, mas um mosquito.

PROMOVER OU PREVENIR

O grupo de Jantar do McGraw tem o que os psicólogos chamam de foco na promoção. Uma pessoa focada na promoção está focada em alcançar o sucesso.[5]

Cresci focado na prevenção. Cresci em uma família com uma mãe solteira que não fez faculdade. Ninguém na minha família cursou uma pós-graduação. Não era tão ruim assim. Éramos pobres que dependiam de vale-alimentação, mas não da assistência social. Estudei em escola pública. Cursei universidades estaduais.

Em um mundo focado na prevenção, você deseja evitar o fracasso. Você não quer uma casa grande; deseja manter sua pequena casa. Não quer fama e sucesso; deseja manter seu trabalho modesto.

Tanto as pessoas focadas na promoção quanto na prevenção podem ser bem-sucedidas na vida, porém sua motivação é bem diferente. Uma pessoa focada na promoção estuda bastante para tirar a nota máxima em uma prova; uma pessoa focada na prevenção estuda bastante para não tirar a nota mais baixa. Ambas podem se sair bem, mas a forma como se sentem em relação à prova é completamente diferente. Pessoas com foco na promoção e pessoas com foco na prevenção podem ter uma carreira de sucesso, porém o

---

5 Higgins, E. T. (2005). Value from regulatory fit, *Current Directions in Psychological Science*. 14, 209–213.

modo como se sentem em relação à carreira e à execução de tarefas é completamente diferente.

E lá estava eu, sentado em uma mesa repleta de pessoas focadas na promoção, quando comecei a me sentir um estranho — e era eu o anfitrião daquele maldito jantar.

Então me lembro de pensar: "Por que não eu?"

Um momento que mudou minha vida. Sim, aquelas pessoas frequentaram escolas melhores. Claro, trabalhavam em universidades de elite; eu, em uma universidade estadual. Ok. Ainda assim, eu estava sentado com elas, pois todos me viam como igual. Para ter sucesso, talvez eu precise ser um pouco mais criativo; talvez possa ter que passar mais algumas horas no laboratório em um sábado à noite, mas até agora tenho conseguido. Por que não posso aprender a pensar grande? Por que não eu?

Desde aquele momento, tenho me esforçado para ter consciência sobre a maneira como estou pensando. Se me pego tentando evitar o fracasso, foco em alcançar o sucesso.

As lições deste livro foram elaboradas para pessoas focadas na promoção. Você consegue ser uma delas?

TRUQUE DO SHANE

A história de Pete me lembra de como os comediantes costumam medir o sucesso da forma errada quando começam no ramo. Os comediantes jovens me perguntam: "Como faço para conseguir um agente?" Normalmente seu agente aparece tarde demais. Você arranja um contrato e, de repente, seu agente está disponível. Minha grande conquista foi conseguir um assistente em tempo integral. Em vez disso, acho que eles deveriam estar se perguntando: "Como posso progredir sem um agente?"

Claro, sem um agente que o represente, você pode acabar dedicando tempo a um livro pelo qual não está sendo pago, mas pelo menos estará em um livro lido por *várias* pessoas.

Parece que Shane está prestes a ter seu próprio 0800.

IMPLICAÇÃO: LICENÇA SABÁTICA RADICAL

A cada sete anos, tiro um período sabático para ir a algum lugar novo, ler mais, escrever coisas novas e desenvolver novas ideias. Sem carga letiva e nada de trabalho administrativo. É uma dádiva. Em grande parte, este livro se concretizou porque tirei um período sabático. Joe Rogan ficará orgulhoso de mim por ter ido a LA para escrever e me conectar com a comunidade de comédia.

A pessoa comum, principalmente um norte-americano médio, tira algumas semanas de férias por ano e, com certeza, seu empregador não lhe oferece uma licença sabática.

Tirar uma licença sabática não quer dizer que você dormirá até tarde todos os dias, mas que deixará de seguir sua rotina habitual para encontrar uma nova. Invista em algo que não consegue inserir em seu dia a dia. Aproveite o tempo para fazer o que vive adiando. Talvez seja relaxar ou se aprofundar ainda mais em um assunto.

Eu normalmente incentivo meus parceiros de negócios a considerarem um período sabático. Tire três, seis, nove meses longe do trabalho. Leia mais livros, viaje para lugares diferentes e exponha-se a ideias. Faça algo que talvez você não consiga fazer em sua rotina normal.

Quase sempre, meus parceiros de negócios dizem: "Não consigo nem me imaginar fazendo isso."

Digo-lhes para ter uma imaginação melhor. Claro, talvez você não consiga fazer isso agora. Porém, se definir essa meta, pode alcançá-la.

Primeiro passo: economize dinheiro suficiente para viver. Corte gastos desnecessários.

Segundo passo: peça uma licença sabática ao seu chefe. Você se senta com ele e diz: "Gostaria de tirar um período sabático de seis meses. Quero trabalhar nas coisas X, Y e Z, que me tornarão um melhor vendedor/programador/copywriter/guru da cadeia de suprimentos." Aí você espera e fica torcendo. Seu chefe lhe dirá "não". Óbvio. Seu chefe não quer perder você por seis meses.

Então, no dia seguinte você entrega ao seu chefe uma carta de demissão. Ele não dirá: "Lamento que vá embora", mas, sim: "Vamos conversar sobre esse período sabático."

Estou brincando. Perguntar ao seu chefe é o terceiro passo. O segundo passo é seguir o conselho *Trabalhe Bem ou Mal Trabalhe* e garantir que você seja o melhor vendedor/programador/copywriter/guru da cadeia de suprimentos do seu departamento. Seja bom o suficiente no que faz. Se precisar sair do emprego para que isso aconteça, você pode encontrar outro.

Caso faça isso, o quarto passo é entregar ao seu chefe uma carta de demissão. Ele não dirá: "Lamento que vá embora", mas, sim: "Vamos conversar sobre esse período sabático."

A perspectiva menor é: "Ficarei neste emprego por trinta anos e, depois, quando me aposentar, terei uma vida inesquecível."

Tenha uma perspectiva maior. Pergunte: "Por que não?" Talvez pareça privilegiado e ridículo. Mas, se está aqui lendo este livro, você é mais inteligente do que a média. Está disposto a pensar além do óbvio para encontrar soluções que sejam transformadoras. Descobrir como tirar um período sabático é apenas um problema criativo a ser resolvido. Você não é um robô.

Faça um planejamento, analise seus boletos, corte seus gastos e desenvolva essas habilidades.

DESENVOLVA SEU TRUQUE

Para alcançar todo o seu potencial, talvez seja preciso fazer algumas mudanças. Mesmo se você sentir que está no caminho do que definiu como sucesso, não tenha medo de considerar quebrar as regras.

REAVALIE SEU OBJETIVO

Pergunte aos outros o que você precisa parar de fazer ou quais riscos eles acham que deve correr.

Pense grande. Crie um BHAG (Big Hairy Audacious Goal) — um objetivo grande, desafiante e ousado.

REAVALIE SEU CAMINHO

Foque o objetivo da sua plataforma — e o caminho para conquistá-lo — perguntando-se:

- Que tipo de negócio está pensando grande e pequeno?
- Qual seria essa plataforma maior para capitalizar suas habilidades?
- Quando você se coloca nessa posição?

Ao trabalhar com marcas maiores e com melhores recursos, você terá mais chances de agarrar melhores oportunidades que expandam seu próprio alcance e influência.

Pergunte-se: é possível atingir minha definição de sucesso em meu negócio ou setor atual? Ele viabiliza a plataforma necessária para alcançar meus objetivos? Se a resposta for "sim", se mantenha no caminho. Proteja, empenhe-se e extravase.

Se a resposta for "não", pondere o que ganha e o que perde ao permanecer na plataforma em que está. Considere as circunstâncias ideais para buscar uma plataforma maior. Isso pode significar deixar seu emprego atual e ir para uma organização maior ou até mesmo trabalhar por conta própria.

Em nosso último Fora da Caixa, veremos o que é, sem dúvida, a forma mais difícil de crescer: simplesmente dizer "não".

FORA DA CAIXA: PASSAR DO SIM PARA O NÃO

Um comediante tentando construir uma carreira tem um *mindset* expansivo. Ele tenta agarrar as oportunidades. Ele costuma dizer "sim" para todas as coisas. Para tudo! Vamos nos encontrar em um café? Sim. Quer participar desse podcast? Sim. Quer escrever esse roteiro especulativo? Sim. Quer participar do meu show de *stand-up*? Sim. Quer doar um rim? Sim. Opa, espera. O quê?

Dizer "sim" é vantajoso — proporciona exposição e oportunidade para desenvolver habilidades cômicas. Um *mindset* expansivo ajuda a facilitar o sucesso. Mas, em algum ponto, também é limitante.

Imagine que você é um comediante, como Hannah Gadsby, Hannibal Buress ou mesmo Shane Mauss. Alguém com certa carreira de sucesso. Você pode simplesmente continuar fazendo a mesma coisa que o levou até onde está. Afinal, se esforçou muito para criar um contexto de hábitos positivos que o ajudassem a maximizar o nível de suas habilidades. Por que mudar? Após descobrir como *fazer X para conquistar Y*, é fácil empacar nisso. E você repete a dose. Mas ninguém lhe diz quando é hora de mudar Y.

E muitos não mudam. Eles continuam com esse *mindset* expansivo, tentando agarrar todas as oportunidades possíveis. Quanto mais sucesso você alcança, mais coisas deve fazer. Mas o sucesso acompanha sua própria carga administrativa, equipes para gerenciar, obrigações de trabalho e novas oportunidades. E isso pode atrapalhar o que você *realmente quer* fazer.

Pessoas inteligentes e bem-sucedidas começam a se defender de certas ofertas — usam um escudo. Dizem *não* para as propostas que não se encaixam no trabalho que desejam fazer e excluem as insignificantes. Pare de caçar oportunidades pequenas e busque coisas bem maiores.

Nem todo mundo pode ter um 0800 como escudo. Você deve aprender a dizer "não".

Na maioria das vezes, fomos recompensados por dizer "sim". Nossos pais nos ensinaram a lhes dizer "sim" em vez de "não". No início da carreira, dizer "sim" é o caminho a seguir. Você agrada quando diz "sim"; decepciona quando diz "não".

Para as mulheres, isso é especialmente difícil no local de trabalho. Pesquisas revelam que, muitas vezes, elas assumem tarefas extras por ter dificuldade em dizer "não" enquanto os homens têm facilidade.[6] Isso acaba prejudicando mais do que ajudando, pois, em geral, são tarefas não remuneradas que não resultam em promoções. A importância

6 Babcock, L., Recalde, M. P., Vesterlund, L. e Weingart, L. (2017). Gender differences in accepting and receiving requests for tasks with low promotability. *American Economic Review*, 107, 714-747.

de aprender quando dizer "não" e, em seguida, realmente fazê-lo é crucial. No entanto, pesquisas também revelam que, quando as mulheres dizem "não", são vistas de forma menos favorável do que os homens.[7] É um beco sem saída: se disserem "sim", são prejudicadas; se disseram "não", são censuradas. Infelizmente, não há soluções óbvias, exceto descobrir sua abordagem individual para a contrapartida.

Presumindo que você não é um sociopata, dizer "não" é difícil, pois ninguém gosta de decepcionar os outros. Portanto, as pessoas tendem a se desculpar quando dizem não. "Desculpa mesmo. Não consigo fazer isso. Estou muito ocupado esses dias." Parece familiar?

A pior escolha é dizer "sim" a algo que não o direciona aos seus objetivos. A segunda pior é dizer: "Sinto muito, não posso porque estou muito ocupado."

Pedir desculpas por dizer "não" prejudica sua imagem. Ao dizer "sinto muito", você sugere que está fazendo algo errado. Mas não está. Além disso, quando atribui falta de tempo à desculpa, sugere que não tem controle sobre sua vida. Assim você abre espaço para essa outra pessoa vê-lo como reativo ou indisciplinado.

---

7 Keck, S. & Babcock, L. (2017). Who gets the benefit of the doubt: The impact of causal reasoning depths on how violations of gender stereotypes are evaluated, *Journal of Organizational Behavior*, 3, 276-291.

Heilman, M. E. & Chen, J. J. (2005). Same behavior, different consequences: reactions to men's and women's altruistic citizenship behavior, *Journal of Applied Psychology*, 90, 431-441.

Exemplo de escudo: "Obrigado por pensar em mim. Estou lisonjeado. Infelizmente, não consigo fazer isso."

Acabou. Fim de papo. Feche a matraca.

Ao agradecer, você reconhece que a pessoa considera o pedido uma oportunidade positiva. Ao dizer "infelizmente", reconhece que sua resposta pode ser decepcionante. Ao dizer que não pode fazer isso, não deixa muito espaço para negociações, já que não está negociando.

TRUQUE DO SHANE

Este conselho será útil para mim. Cruzo o país fazendo shows, e, hoje em dia, todo mundo parece ter um podcast. (Pete tem dois — é fácil assim.) Então, me convidam para participar de vários podcasts. Normalmente concordo e me deu conta de que fico preso em uma pequena sala com uma pessoa extremamente instável gravando seu primeiro episódio. Comecei a pesquisar esses podcasts com antecedência e, para aqueles que não atendem aos meus critérios (por exemplo, estar no ar há pelo menos um ano), digo "não" — e agora usarei o método de Pete.

Vou escrever uma piada aqui? Não. Vou parar de usar a piada "Não vou escrever uma piada aqui" como desculpa para não escrever uma piada? Infelizmente, não consigo fazer isso.

EPÍLOGO

O CASO CONTRA OS COMEDIANTES

No início deste livro, disse para você não tentar ser engraçado, mas *pensar* engraçado. Pensar diferente. A essa altura, se não mudei sua opinião sobre os benefícios de pensar como os mestres da comédia, nunca mudarei.

Mas, se consegui mudá-la, você ainda pode ter ressalvas sobre considerar os comediantes um modelo a ser seguido. Bom para você.

Embora possamos obter insights dessas pessoas verdadeiramente peculiares e criativas — e do esforço que despendem para fazer seu trabalho estranho e difícil parecer fácil, elas têm sua cota de maus hábitos e falhas, como humanos e profissionais, assim como todos nós.

Por mais que eu queira que você considere os comediantes um modelo a ser seguido, também é útil considerá-los um exemplo do que *não* fazer.

A seguir, há três comportamentos de um comediante típico que você não deve adotar.

CULPAR O PÚBLICO

Uma das situações mais revoltantes é quando um comediante está se apresentando, não arranca risadas e culpa o público. Uma coisa é fazê-lo nos bastidores do camarim ou no bar, com colegas comediantes. Outra coisa é dizer ao público que ele é culpado. Expressar às pessoas da plateia o quão ridículas elas são por não rir não apenas as afasta, mas contamina o ambiente para os artistas subsequentes.

TRUQUE DO SHANE

Sempre que o público não ri de uma piada e o comediante diz: "Vocês vão entender essa piada no caminho para casa", espero que, quando ele estiver voltando para casa, perceba que o público entendeu muito bem a piada sem graça.

Como empresa, se os clientes não estão comprando sua solução, você não pode culpá-los. Isso certamente não resolverá seu problema de vendas. Como profissional, se não está sendo contratado, não culpe as empresas. Em ambos os casos, olhe para si mesmo. Questione-se: por que não estou obtendo os resultados desejados?

SER INDIFERENCIADO

Um dos desafios da comédia é que a maioria dos comediantes não se diferencia em um mercado saturado. Alguém vai a um clube de comédia e se diverte muito, mas não consegue lembrar o nome da atração principal — ou se lembra de uma piada, mas não do nome do comediante. Isso é semelhante a ter uma marca fraca. E uma marca fraca o torna invisível ao lado da concorrência.

Se formos realmente honestos, nem mesmo os comediantes estão criando um abismo suficiente.

O poder do nicho é o antídoto para uma marca fraca. Ao escolher um alvo estreito e mirar nele, você se destaca e se torna memorável para o seu público-alvo. Porque o primeiro obstáculo é fazer as pessoas saberem que você existe.

As pessoas muitas vezes os desprezam, mas os comediantes que têm um truque são extremamente memoráveis: Carrot Top, Emo, Gallagher, Margaret Cho, Bill Maher, Wanda Sykes, Gilbert Gottfried e o cabelo de Conan. E são memoráveis porque são *diferentes.* Não melhores e nem diferentes de alguma forma profundamente perspicaz, mas, ainda assim, visivelmente diferentes.

Qual é o truque que diferencia você?

TRUQUE DO SHANE

Quando comecei, eu poderia apresentar um material realmente ousado com uma personalidade "modesta" do Meio-Oeste. Eu estava desafiando os limites o máximo que podia. Na época, isso ainda era um tanto inovador. Sarah Silverman e Dave Attell eram grandes nomes, mas muitos dos comediantes modernos e ousados ainda eram desconhecidos. Louis CK era apenas um estranho. Doug Stanhope era alguém que todo comediante adorava, mas aparentemente tinha queimado seu filme no mercado. Daniel Tosh acabara de lançar seu primeiro álbum. Ninguém tinha ouvido falar ainda de Bill Burr ou Jim Jefferies.

Quando as coisas começaram a decolar para mim, esses caras estavam se tornando grandes nomes, por seu material ousado. Desafiar os limites não era mais uma novidade, e todos eles estavam fazendo isso melhor do que eu.

Felizmente, eu já havia começado a me concentrar em coisas que eram mais específicas aos meus interesses. Mudei meu foco para a comédia com temas científicos. Comecei um podcast chamado *Here We Are*, que me ajudou a ganhar muita atenção em outros podcasts maiores. Agora estou em turnê em tempo integral apresentando o *Stand Up Science*, um show ao vivo com cientistas e comediantes. Tem sido muito mais divertido, bem-sucedido e satisfatório do que os shows de comédia comuns que a maioria de nós tem de fazer.

Modéstia à parte, encontrei um nicho.

NÃO SER SAUDÁVEL

Os comediantes são notoriamente ruins em se cuidar. Dormem em horários estranhos, não se exercitam o suficiente e comem muita comida industrializada.

Pode ser que eles não se prendam o bastante a uma rotina regular. Pode ser que, pelo fato de a vida difícil fazer parte da cultura da comédia, sintam que precisam adotar essa vida para fazer parte desse mundo. Além disso, existem incentivos perversos na comédia: quando coisas ruins acontecem, você pode fazer piada disso. Mitch Hedberg disse: "Quanto mais eu me ferro, melhor é a minha carreira."

Muitos comediantes nos deixaram cedo demais devido à falta de cuidado com a saúde. A lista é longa, mas você sabe quem são: John Candy, Chris Farley, Bernie Mac, John Belushi. Descansem em paz.

Se você deseja realizar um trabalho criativo, é útil estar saudável e cheio de energia, especialmente se estiver tentando fazer algo empolgante.

As suas ideias não importam se você não estiver aqui para executá-las. É uma maratona, não uma corrida de cem metros.

TRUQUE DO SHANE

Certa vez, fiquei bêbado durante os shows consecutivos no Dia de São Patrício. Eu nem me lembrava de estar no palco. No dia seguinte, cheguei ao clube apavorado. Não fazia ideia do que tinha acontecido na noite anterior. A equipe veio até mim e disse que foi a melhor comédia que eles tinham visto durante o ano todo. Eu me senti aliviado. Então fiquei com o coração partido. O maior objetivo de um comediante é ser lembrado. Mas jamais recordarei minha noite mais memorável no palco.

Na verdade, parei de beber por anos, pois o fato de não lembrar o que fiz no palco foi um grande alerta para mim. No ano seguinte, me apresentei sóbrio nesse mesmo clube.

Depois disso, demoraram um tempo para me chamar de novo.

Provavelmente minha área é um pouco diferente da sua.

ORGANIZE SEUS TRUQUES

Lembre-se de nosso mantra: os negócios são difíceis. Os negócios são difíceis. Os negócios são difíceis.

Mas, quando você desenvolve impressionantes práticas e perspectivas como os mestres da comédia, se diferencia da concorrência — robôs, empresas, outros meros mortais.

E uma forte diferenciação — em seus pensamentos e ações — pode tornar os negócios *menos* difíceis.

Vamos recapitular rapidamente o que abordamos:

- O inimigo da criatividade e da inovação é o status quo — as regras que dizem que é *assim* que deve ser feito. Sua vantagem competitiva é o quão bem você pode combater o medo da perda em prol das possibilidades ousadas que estão além da sua zona de conforto (e da dos outros).
- Em "Inverta e saia do *mainstream*", você aprendeu maneiras de pensar diferente e o poder de fazer o oposto do que é esperado. Você aprendeu formas de destruir o status quo.
- Em "Crie um abismo", você aprendeu que, para se destacar, precisa levar seu *Saia do mainstream* ao extremo, deixando os odiadores para trás e se concentrando em seus verdadeiros fãs, que adoram o que você faz.
- Em "Coopere para inovar", você aprendeu que a parceria com pessoas diferentes pode gerar um tipo especial de magia. Mas é preciso descobrir quem você é, fazer-se presente de forma honesta e plena e encorajar os outros a fazerem o mesmo. Você também aprendeu a habilidade que talvez seja a mais difícil de dominar: ouvir.
- Em "Escreva para não se arrepender", você aprendeu o poder de anotar suas ideias para que possa captá-las, esclarecê-las e comunicá-las ao público — criativos cooperativos, clientes ou consumidores. Mas às vezes seu público é simplesmente você.
- Em "Trabalhe bem ou mal trabalhe", você aprendeu a ser ferreiro. Aprendeu como criar e produzir uma

arte real e aproveitar melhor seu trabalho por meio dos elementos *proteger, empenhar*-se e *extravasar*. E o poder da presença o leva a um estado de fluxo, o que é divertido.

- Em "Suba no palco maior", você aprendeu três maneiras de levar sua marca/carreira/vida para o próximo nível: o lugar maior. A plataforma maior. A perspectiva maior. Às vezes, a única maneira de crescer é parar de fazer o que está fazendo — mesmo que esteja funcionando — e mudar para outro lugar ou outra coisa.
- E aqui, neste epílogo, você aprendeu três maneiras em razão das quais os comediantes erraram o alvo. É essencial assumir o seu ofício e os resultados. Se algo não funcionar, não culpe os outros. Volte ao trabalho. Em seguida, não faça apenas algo bom. Diferencie-se intencionalmente da concorrência. E, acima de tudo, nada disso importa se você não estiver vivo e saudável — priorize sua saúde mental e seu bem-estar. Diga comigo: "Minha saúde é prioridade."

Eu o incentivo a refletir sobre como pode realmente aplicar essas lições. Você passa um terço da sua vida trabalhando. Aproveite ao máximo. O trabalho que faz e a vida que vive impactam tanto você quanto os outros. Precisamos de suas inovações. Precisamos da sua alegria. Suas piadas são opcionais.

Se quiser ouvir mais sobre meus truques, adoraria conversar com a sua organização. Posso até levar uma equipe de comediantes para ajudar a resolver seus maiores problemas.

Acesse PeterMcGraw.org para se conectar comigo.

- Informações de reserva
- Recursos para download
- Episódios de podcast
- *Mailing list*
- Fotos ridículas minhas tentando parecer sério

AGRADECIMENTOS

Gosto de dar conselhos. Gosto de ouvir conselhos.

Este livro dá muitos conselhos. No entanto, nos bastidores, aceitei muitos conselhos para fazer este livro acontecer. As pessoas a seguir merecem todos os créditos, mas nenhuma culpa por este projeto.

Em primeiro lugar, gostaria de agradecer a todos que me ajudaram na pesquisa de humor e em outros trabalhos acadêmicos que aparecem neste livro. Nenhuma das pesquisas de humor teria acontecido sem Caleb Warren, meu cocriador de violação benigna. Caleb é tudo o que você deseja em um coautor: gentil, trabalhador, culto, muito inteligente e tem ótimo gosto musical. Ele também foi incrivelmente tolerante com minha negligência em nossos trabalhos acadêmicos enquanto escrevia este livro.

Obrigado às pessoas cujos projetos, ideias codesenvolvidas ou perspectivas aparecem aqui: Lawrence Williams,

Elissa Guralnick, William Kuskin, Phil Fernbach, Anika Stuppy, Stephanie Tully, Leaf Van Boven, Jeff Larsen e Janet Schwartz.

Nunca serei capaz de agradecer o suficiente aos meus mentores acadêmicos: Barbara Mellers e Phil Tetlock. Eles acreditaram em mim e foram pacientes enquanto eu descobria como não ser péssimo em pesquisas.

Adam Barsky foi a única pessoa que se dispôs a me dizer que este livro era uma má ideia. Sim, ignorei seu conselho, mas ele me pressionou a fazer algo de que não me envergonharia. Espero que você não diga: "Eu avisei."

Quatro pessoas generosas leram os primeiros rascunhos do manuscrito. Obrigado Ethan Decker, Mariah Baerend, Jay Mays e Rachel Beisel por ler e dar um feedback crítico, mas encorajador. Ethan, especialmente, foi gentil o suficiente para fornecer assistência editorial e conceitual incrivelmente valiosa.

Eu nunca teria escrito este livro sem ter trabalhado com Joel Warner em *The Humor Code*. Ele me ensinou muito sobre como escrever, contar histórias e fazer anotações. Valeu, cara.

Há muitas pessoas para mencionar que ajudaram na produção do livro. Mais notavelmente, quero agradecer a Kimberly Kessler. Eu não poderia ter feito isso sem você. Você é a melhor! Obrigado, também, Ellie Cole, Emily

Anderson, Jenny Shipley e todos os outros da Scribe Media e Lioncrest. Obrigado, Chris Denson, pela introdução.

Agradeço à Universidade do Colorado e à Escola de Leeds por apoiar meu pedido sabático, especialmente Sharon Matusik, John Lynch e Laura Kornish. Eu *realmente* precisava de tempo para finalizar o livro. Agradeço pela pesquisa e ajuda do design de Joe Harvey, Ashley DeCurtis, Kendall Carroll, Mathew Klickstein, Jeremy Sender, Steffen Baerend e Mariah Baerend.

Muitas pessoas foram gentis o suficiente para aparecer no meu podcast, me dar entrevistas ou simplesmente falar sobre ideias, casos, pesquisas e anedotas. A ordem em que são mencionados é totalmente aleatória: Caleb Warren, Steph Tully, Anika Stuppy, Luisa Diez, Jason Zinoman, Todd Glass, Neal Brennan, Barnet Kellman, Alonzo Bodden, Peter Murane, Darwyn Metzger, Jillian Lakritz, Bob Mankoff, Wendy Wood, Anita Woolley, Phil Fernbach, Bart de Langhe, Stefanie Johnson, Alex Gregory, Danielle Perez, Steve Stoliar, Adam Alter, Jeff Leitner, Jon Levy, Brad Bernthal, Richard Lewis, Briar Goldberg, Jack Shih, Linda Babcock, Laura Kornish, David Nihill, Dana Noffsinger, Josh Linkner, Jeff Mosenkis, Ivan Aristeguieta, Jen Overbeck, John Wenzel, Julie Seabaugh, Mark Sanborn, Mathew Klickstein, Will Hines, Billy Merritt, Mike Reiss, Tony Horton, Chris Mazzilli, Natalie Shure, Dana Noffsinger, Natalie Barandes, Ethan Decker, Troy Campbell, Sarah Zaslow, Scott Paskoff, Stephen Morrison, Zach Hale,

Gracie Koester, Anne-Laure Sellier, Lauren Alweis, Kaiwei Tang, Adrian Smith, Adrian Botan, Lam Helmick, Chuck Roy, Rick Fleenor, Jen O'Donnell e Kim Kessler. Minhas sinceras desculpas se deixei alguém de fora.

Um grupo foi especialmente útil, dando-me feedback, ideias e incentivo desde o início. Meus agradecimentos a Matt de Caussin, Angel Lam, Charlie Merrill, Rachel Beisel, Anthony Full, James Craig, Dan Goldstein, Michael Sargent e Dan Ariely.

Um grupo importante de pessoas apoiou de inúmeras maneiras nos bastidores. Eles são amigos, mentores e muito mais: Darwyn Metzger, Mark Ferne, Jonathan Levav, Sheila Paxton, Julie Nirvelli, Shannon Sorino e Mary Dahm. (E obrigado a todos que me prepararam um cappuccino durante esse tempo.)

Por fim, um agradecimento muito especial a Shane Mauss, que é a estrela deste livro. Ele tem sido um grande amigo, um colaborador generoso e é um bom instrutor de cogumelos.

Agradeço a todos vocês.

Avante!

SOBRE O AUTOR

DR. PETER MCGRAW é economista comportamental, palestrante profissional e especialista no estudo científico do humor.

Professor de marketing e psicologia da Universidade do Colorado em Boulder, McGraw investiga a interação entre emoções, julgamento e escolha. Sua pesquisa apareceu no *New York Times*, *Wall Street Journal*, NPR, BBC, *TIME*, CNN, *Wired* e *Harvard Business Review*.

McGraw ministra cursos de graduação em economia comportamental na Universidade do Colorado, em Boulder, e cursos de MBA em gerenciamento de marketing para a London Business School, Rady School, da Universidade da Califórnia, em San Diego, e Universidade de Colorado, em Boulder. Ele dá palestras em empresas da Fortune 500, eventos públicos e universidades em todo o mundo.

Como diretor do Humor Research Lab (também conhecido como HuRL), McGraw passou mais de uma década examinando os antecedentes e as consequências do humor. Em 2014, foi coautor de *The Humor Code: A Global Search for What Makes Things Funny*. Ele escreveu para *Slate, Wired, Fortune, Huffington Post* e *Psychology Today*.

McGraw apresenta *I'M NOT JOKING*, um podcast que examina a vida de pessoas engraçadas dos ramos de entretenimento, negócios, ciência e artes. Também apresenta *Funny or True?*, um *game show* de comédia ao vivo que coloca comediantes contra cientistas para ver quem tem a melhor mistura de inteligência e senso de humor.

Atualmente, ele está ajudando uma produtora a desenvolver um programa de TV baseado em sua vida.